西汉南越国

麦英豪 王文建——著

浙江文艺出版社

图书在版编目(CIP)数据

西汉南越国 / 麦英豪, 王文建著. — 杭州 : 浙江文艺出版社, 2023.5
ISBN 978-7-5339-7181-6

Ⅰ. ①西… Ⅱ. ①麦… ②王… Ⅲ. ①南越(古族名) - 汉墓 - 考古发现 - 通俗读物 Ⅳ. ①K878.84-49

中国国家版本馆CIP数据核字(2023)第046010号

统　　筹	王晓乐	装帧设计	胡　川
特约编辑	俞玲芝	责任校对	陈　玲
责任编辑	詹雯婷　朱　立	责任印制	张丽敏
美术编辑	沈路纲	数字编辑	姜梦冉　诸婧琦
营销编辑	张恩惠		

西汉南越国

麦英豪　王文建　著

出　　版	浙江文艺出版社
地　　址	杭州市体育场路347号
邮　　编	310006
电　　话	0571-85176953(总编办)
	0571-85152727(市场部)
制　　版	浙江新华图文制作有限公司
印　　刷	浙江新华数码印务有限公司
开　　本	880毫米×1230毫米　1/32
字　　数	176千字
印　　张	8.25
插　　页	4
版　　次	2023年5月第1版
印　　次	2023年5月第1次印刷
书　　号	ISBN 978-7-5339-7181-6
定　　价	78.00元

版权所有　侵权必究

前言

西汉南越国是广州以至岭南地区经济社会发展的一个重要历史阶段。西汉南越国考古是广州考古的重点，在中国考古特别是秦汉考古领域也占有重要地位。2021年是中国现代考古学诞生100周年。8月，"海宇攸同——广州秦汉考古成果展"在中国国家博物馆开展，引起社会广泛关注。10月，南越国宫署遗址及南越王墓被评为中国"百年百大考古发现"，其重要意义不言自明。

麦英豪先生和王文建女士合著的《西汉南越国寻踪》于2011年出版，成为学术界和考古爱好者研究西汉南越国历史、了解南越国考古故事的重要文献。如今10多年过去，值此中国现代考古学百年华诞之际，浙江文艺出版社决定对本书进行改版，以《西汉南越国》为书名重新推出，可谓恰逢其时、意义重大。

《西汉南越国寻踪》初版引用的考古材料大致在2006年前后。过去10多年来，西汉南越国考古发现和研究又不断取得新成果。值此本书再版之际，对有关考古发现和研究新成果进行梳理，很有必要。

广州是南越国都番禺城所在，近年来有关考古发现比较丰富。2006年在南越国宫署遗址发现南越国宫城北墙基址，东西向，方向268度，东西长17.6米，南北残宽3.8—4.8米。主要保存有墙体北基槽、南基槽、南侧护墙坡和散水等，从而确认了南越国宫城的北界。属于南越国都城考古的重大发现。关于南越国都番禺城的范围，目前仍然没有明确的城墙遗址发现。但是根据考古发现的东汉及以后各历史时期城墙，以及南越国宫署遗址周边区域，大致可以明确番禺城的范围：东至旧仓巷，北到越华路，西界在华宁里—流水井以东，西南角在龙藏街中段，向东经北京路再向东北至长塘街和中山四路交界处西南角。番禺城的平面为不规则四边形，总面积不到30万平方米。在番禺城近郊，今中山二路一带发现了南越国时期的水井、灰坑，农林下路发现了南越国时期的瓦片坑，珠江南岸的海珠区西北部也发现了南越国时期的灰沟。特别是中山二路、农林下路一带发现了比较密集的南越国时期的水井、灰坑和瓦片堆积，为探索南越国时期的砖瓦烧造业提供了重要线索。

广州新发现南越国时期的墓葬约280座，集中在南越国番禺城的东郊、东北郊、北郊和西北郊。总体上看，高等级墓葬在番禺城东郊和东北郊的数量相对多一些，带柱洞二层台、底铺石子、带腰坑或带腰坑底铺石子等越人特色墓集中分布在番禺城的西北郊，但是两者并没有截然分区。墓内随葬器物既有以汉式器物为主的，也有以越式器物为主的，还有汉越两类器物并存的，是南越国"和辑百越"政策的实证。

在番禺城以东的增城浮扶岭、黄埔陂头岭等地，也发现了一批战国晚期至南越国时期的墓葬。浮扶岭M511是目前考古发现的最大的一座底铺石子墓，其形制和随葬器物都带有岭南地区战国晚期至南越国早期的典型特征。陂头岭遗址也发现战国晚期至南越国时期高等级越人墓地。这些发现都为西汉南越国的研究提供了重要的新材料。

广东境内其他地方的西汉南越国考古发现，以五华狮雄山遗址的发掘最为重要，2010—2013年的第五次发掘，发现了环壕、壕沟、建筑基址和灰坑、陶窑、水井等遗迹，出土了大量瓦、陶器，还有封泥文字"定揭之印""定揭丞印""蕃"等，其年代在秦至南越国时期。对于遗址性质，虽然仍存在城址和

"长乐宫"的不同认识，但其重要性是显而易见的。此外，近年来，在徐闻、乐昌、英德、揭西、揭东、博罗等地，也发现了南越国时期的遗址或墓葬。

广西境内发现的汉代城址数量比较丰富。东北部桂林地区发现一批秦汉城址。2018年在武宣发现中留秦汉故城，遗址面积约8万平方米，城址面积约1.8万平方米，高台是衙署区，发掘者推断该城址就是秦汉桂林（郁林）郡所属中留（溜）县故城。此外，在贵港、合浦发现南越国时期建筑遗存。这些发现，进一步丰富了南越国时期的考古材料。

随着西汉南越国考古材料的日益丰富，研究成果也越来越多。《南越宫苑遗址——1995、1997年考古发掘报告》全面公布了南越国宫苑的材料，《五华狮雄山》详细公布了狮雄山遗址第五次考古发掘成果，并对遗址进行分析讨论。2008年，中国社会科学院考古研究所和广州市文化局联合主办"西汉南越国考古与汉文化国际学术研讨会"，会议论文集《西汉南越国考古与汉文化》收录了多位学者关于西汉南越国的研究成果。黄展岳先生《南越国考古学研究》是第一部西汉南越国考古研究专著。郑君雷、富霞出版《合浦南越国遗存研究及相关问题研究专著》，对广西合浦的西汉南越国遗存做了较全面的梳理。除此以外，多位学者分别就平乐银山岭战国墓的年代、南越国都番禺城范围、罗泊湾汉墓墓主身份、南越国宫署遗址的海外文化因素，以及南越国陶器、青铜器、玉器、木简等文物进行专题研究，发表学术成果。

可以说，过去10多年，西汉南越国考古又迎来一个新高潮。

岭南地区远离中原政治中心，历来较少受到史家关注。有关南越国的历史，正史记载很少。麦英豪先生曾经统计，《史记·南越列传》2408字，《汉书·西南夷两粤朝鲜传》有关南越国的记载3002字，两传合计不足5500字，这对于历五世、立国93年的南越国来说，实在是太过简略。所幸，考古为我们打开了研究南越国的大门。随着南越国宫署遗址、南越王墓、南越国木构水闸遗址，以及岭南地区各地南越国城址、生活遗迹和臣民墓葬的不断发现，学界研究的不断深入，西汉南越国经济、政治、文化、军事以及对外交往诸领域的历史图景必将日益清晰、更加生动。

西汉南越国考古对于海上丝绸之路研究具有重要意义。目前，学界公认海上丝绸之路开辟于秦汉时期。南越国所在岭南地区南邻大海、北通中原，具有发展海外贸易和文化交流的优越条件。南越王墓出土的波斯银盒、乳香、原支非洲象牙，是直接来自海外的舶来品；金花泡、"蜻蜓眼"玻璃珠，以及南越国宫署遗址的青釉瓦、石构建筑构件等，是秦汉时期海上丝绸之路技术传播和文化交流的实物见证。这些遗存，反映了早在2000多年前，中国与东南亚、南亚及西亚等地已有密切的文化交流、文明互鉴。

西汉南越国考古是中国秦汉考古学的重要内容，对于中华文明多元一体化进程、我国统一多民族国家形成和发展的研究具有重要意义。秦汉时期是我国统一多民族国家形成并不断发展的重要时期。岭南地区地处中国南疆，先秦时期，百越民族在此聚居，创造出富有特色的百越文化，同时又与黄河、长江流域等地进行互动，共同推动中华文明的发展。秦统一岭南，特别是南越国建立后，中原文化对岭南地区的影响进一步扩大，南越、骆越、西瓯等越民族文化与中原文化密切交流，最后融入华夏文明体系。随着考古材料日益丰富，考古研究不断深入，岭南地区"中国化"的历史图景将变得更加清晰、生动。

麦英豪先生是西汉南越国考古的主要开拓者和亲历者，主持发掘了南越王墓，指导了南越国宫署、南越国木构水闸等重要遗址的发掘，并促成了这三处南越国重要遗址原址保护展示。

西汉南越王博物馆和南越王宫博物馆（现已合并为南越王博物院）的建设也凝聚了麦英豪先生的心血，体现了一位考古学家对于考古和文化遗产保护的深厚情怀和远见卓识。今天，南越国宫署遗址、南越王墓、南越国木构水闸遗址等重要考古遗产，已经成为现代化广州的重要历史文化地标。

2016年11月28日，麦英豪先生辞世，驾鹤远行。今天，先生开创的西汉南越国考古和广州考古事业，后继有人，并且不断有新发现、新成果，先生泉下有知，必感欣慰。《西汉南越国》再版，也是对先生很好的纪念。

广州市文物考古研究院院长
易西兵

目 录

1 南越王陵何处寻

岭南王国	002
神秘的王陵	007
寻寻觅觅三十年	010
象岗下的发现	015

2 神秘的石构玄宫

前朝后寝的严整布局	022
前室的宦者与车马	033
东耳室的宴乐珍藏	035
西耳室的御库之藏	039
主棺室的墓主灵寝	043
东侧室四夫人	050
西侧室众仆役	051
后藏室御厨珍馐	053

3 古印传奇

二十三枚玺印不寻常	058
三枚金印有文章	060
玉印中的玄妙	069
妻妾难辨右夫人	072

4 汉玉大观

礼玉和"玉殓葬"	078
奇怪的玉衣	084
精美绝伦的玉佩饰	092
世上难寻的器用玉	107

5 满目奇珍

丝织物与印花工具	124
家具与服饰	128
海外遗珍	159

6 岭南文明

铜铁之器	168
农业与渔业	173
南越之陶	178
饮食文化	184
楚舞越声	196

7 南越国寻踪

御苑露真容	210
长乐宫与华音宫	218
岭南第一简	225
南越两座新殿堂	232

结语	240
主要参考文献	248

1 南越王陵何处寻

002 岭南王国

007 神秘的王陵

010 寻寻觅觅三十年

015 象岗下的发现

岭南王国

广州，古称番禺（蕃禺），是我国南方最大的海港商贸城市。司马迁在《史记·货殖列传》中列举了当时全国的通都大邑，有18个在岭北的中原大地，只有1个在岭南，那即是番禺。书中如此写道："番禺亦其一都会也，珠玑、犀、玳瑁、果布之凑。"

自秦统一岭南之后，番禺才进入有文字记载的社会历史发展阶段。在其后的2000多年漫长的发展历程中，她成为岭南文化中心地、（南海）海上丝绸之路的发祥地、近现代中国革命的策源地和改革开放的前沿地。

秦王嬴政于公元前221年统一六国，建立起中国封建社会历史上第一个统一的王朝——秦朝，自称始皇帝。当时，帝国的北面受到匈奴的侵扰，秦始皇派遣蒙恬率兵三十万北却匈奴，修筑长城；同时，五岭以南至南中国海以北，同样遭到百越族的威胁。而岭南的越人支族众多，其中以骆越、西瓯越和南越三大支族为最强。于是在始皇帝二十八年（前219年），"乃使尉屠睢发卒五十万为五军：一军塞镡城之岭，一军守九嶷之塞，一军处番禺之都，一军守南野之界，一军结余干之水"（《淮南子》）。当五军中的南野与余干（在江西境）二军准备进入粤东之时，"处番禺之都"的秦军很快就占领了珠江三角洲一带的南越地。而镡城与九嶷的二军从湖南、广西间

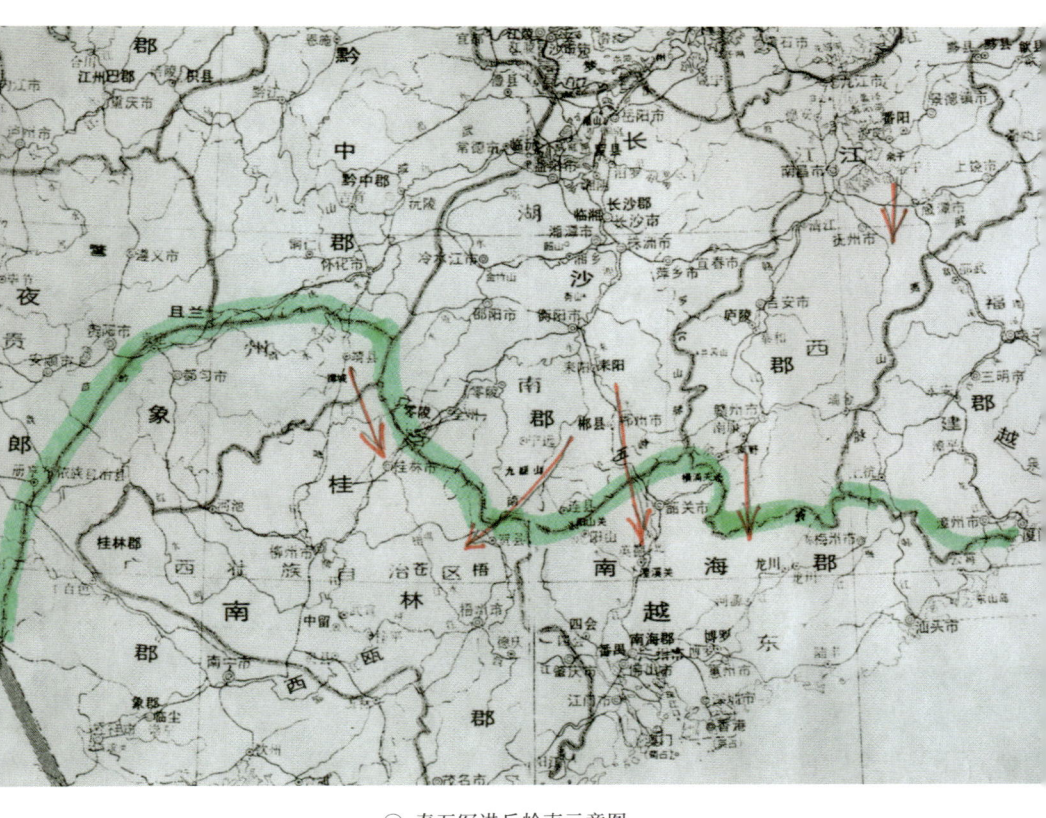

○ 秦五军进兵岭南示意图

的湘桂走廊进入西瓯地区，长驱直入，斩杀了西瓯君（首领）译吁宋，迫使西瓯君的部下与民众逃入深山丛林，与秦军展开持久战，秦军不得不"三年不解甲弛弩"。时间一久，秦军非常劳倦，而西瓯的越人则利用有利地形夜间偷袭秦军，杀死秦军主帅屠睢，大破秦军，导致南下的西线秦军因主帅屠睢的盲目冒进而告失败。于是，秦始皇调整战略，修凿灵渠，以解决运粮问题；同时增派援兵，以任嚣为主帅，赵佗为副帅直"处番禺之都"，并在番禺修建起大型的造船基地（今广州市老城区中山四路），赶造船舰，以供运兵粮的急需。任嚣赵佗吸取屠睢的教训，采取稳扎稳打、步步进逼的战术，终于在始皇帝三十三年（前214年）统一岭南地区，并设置南海、桂林、象三郡，岭南大地正式归入秦帝国的版图。

○ 赵佗像

秦在岭南设置郡县后，任命任嚣为南海郡尉。南海郡下设番禺、博罗、龙川、揭阳四县，任嚣坐镇郡治番禺，而郡东北的龙川县因扼控赣（江西）、闽（福建），地理位置十分重要，遂任命赵佗为南海郡的龙川县令。

秦末，任嚣病危，嘱托赵佗"闻陈胜等作乱……豪杰叛秦相立……且番禺负山险，阻南海，东西数千里，颇有中国人相辅，此亦一州之主也，可以立国。郡中长吏无足与言者，故召公告之"。随即发文书由赵佗接任南海尉。

秦朝国祚很短，只有15年。始皇帝嬴政死后，陈胜、吴广起义，其后汇集为刘邦、项羽两支农民起义的大军逐鹿中原。继任南海尉的赵佗秉承任嚣的嘱托，乘中原战乱之机，发兵并击桂林郡和象郡，在刘邦建立大汉王朝的前一年（前204年）据有岭南地区，以番禺为都城，建立南越国，自号"南越武王"。

当时，汉高祖刘邦虽然打败项羽登基为帝，但由于连年战乱，民生凋敝。出于与民休养、稳定政权的需要，汉高祖对南越国采取了怀柔政策。汉高祖十一年（前196年），派陆贾出使南越，诏封赵佗为南越王。其时，南越立国亦仅有8年，国力单薄，岭南、岭北的人民都盼望休养生息。赵佗从大局出发，接受汉廷的册封，成为大汉王朝的一个藩属国，与北邻的长沙王同为异姓王。虽然从高祖五年（刘邦登基）到十一年只有短短的7年，但岭北、岭南的老百姓得以休养生息，安居乐业，所以"赵佗归汉"成为历史上的一段佳话。

但好景不长，公元前195年，汉高祖去世，吕后掌权。她一反汉高祖对南越的怀柔政策，实行民族歧视：禁止与南越通关市，拘押赵佗使者，捣毁赵佗父母墓冢，还株连其兄弟宗族；赵佗三次派出使臣到汉廷谢罪，请求解禁，皆遭到吕后的拒绝，吕后甚至把使臣扣押起来，导致汉越交恶。公元前183年，赵佗索性自称"南越武帝"，与吕后分庭抗礼。

公元前179年，汉文帝即位，恢复刘邦与南越修好的政策，首先派人修治好被吕后破坏的赵佗先人墓，给他的亲戚以官禄，又罢免吕后时派驻长沙国准备进攻南越国的将军，同时给赵佗写了一封言辞恳切的信，再次派陆贾出使南越恢复旧好。赵佗被汉文帝的真诚态度感动了，于是下令"去帝制、黄屋、左纛"，表示"愿奉明诏，长为藩臣，奉贡职"，汉越关系重新和好。

赵佗治国"甚有文理"，政治制度仿效秦汉，同时推行尊重当地越人的风俗习惯、倡导汉人与越人通婚，以及任用越人的首领为南越王国的高官等一系列"和辑百越"的民族和睦政策，促进了南下汉人与当地越民族的融合和经济文化的发展。赵佗在位长达67年，占南越立国93年历史的大半，为岭南早期的发展做出了贡献。

据《史记·南越传》载，南越立国93年，传五主：一主赵佗，为开国之君，于汉武帝建元四年（前137年）卒，寿过百岁。二主赵胡，是赵佗的次孙，在位前后约16年。三主赵婴齐，在位前后约9年。南越国后期，宫廷内乱，越人丞相吕嘉反对归附汉朝，发动叛乱，四主赵兴被杀；而四主赵兴与五主赵建德合起来执政只有2年。汉武帝元鼎六年（前111年），汉廷派伏波将军路博德、楼船将军杨仆等兵分五路合击南越，破番禺城，吕嘉及南越五主赵建德被捕杀，南越国亡。汉把岭南地划分为九郡，番禺归南海郡治。

神秘的王陵

南越国从开国之君赵佗至五主赵建德，虽皆卒于南越，然而在《史记》《汉书》中对南越所做的记载皆着重在政治及汉、越关系的史事，对五主身后的丧葬事全无涉及。南越国是岭南历史上第一个地方政权，立国近百年，赵佗可谓开发岭南的第一人。千百年来南越诸王陵备受关注，成为人们寻找的对象。目前所见地方史志中，以3世纪晋人王范《交广春秋》（已佚）所载为最早，称：

越王生有奉制称藩之节，死有秘奥神秘之墓。佗之葬也，因山为坟，其陇茔可谓奢大，葬积珍玩。吴时遣使发掘其墓，求索棺柩，凿山破石，费日损力，卒无所获。佗虽奢僭，慎终其身，乃令后人不知其处。

晋顾微《广州记》载：

城北有尉佗墓，墓后有大岗，谓之马鞍岗。

5世纪南朝宋沈怀远的《南越志》中有两则记载，一说：

佗墓自鸡笼岗以北至此山，连岗属岭，吴黄武五年使交趾治中从事吕瑜，访凿佗墓，自天井岗至此山。功费弥多，卒不可得。

另一说：

孙权时闻佗墓多以异宝为殉，乃发卒数千人，寻掘其冢，竟不可得。次掘婴齐墓，得玉玺、金印、铜剑之属，而佗墓卒无所知者。且佗死于武帝之初，至孙权时方三百载有奇，已寻掘不可得，至今千余载，益不可考。

到了北宋，郑熊在《番禺杂志》中说得更为诡秘：

赵佗疑冢在县东北二百步，相传佗死营墓数处，及葬，丧车从四门出，故不知墓之所在。

以上几种说法，都是说南越王赵佗的陵墓非常神秘，甚至说赵佗故布疑阵，在生前修造了许多墓，死后出葬时，丧车从城的四门出，让人分不清真假，到三国孙吴时已不知道赵佗的墓到底在哪里了。

直到1916年，广州首次发现南越国时期的木椁墓。据《广东文物》卷十《西汉黄肠木刻考》一文所载：

> 民国五年丙辰五月十一日，台山黄葵石于广州东郊三里许东山庙前，购得官产之龟岗一地，建筑楼房，掘地丈余，发现南越古冢。事隔四个月后，有广州文庙的奉祀官谭镳向省长朱庆兰报告了发现经过。谓古冢用坚厚香楠密布，木外护以木炭，上盖的木多朽坏，无棺，尚有头骨、手足骨数节。冢中有周秦西汉古物甚多，除黄葵石收回四十八件外，工人分占散沽，已无可追诘。冢堂的各地铺木端（一头）有隶书刻字，其可辨者计有：甫五、甫六、甫七、甫八、甫九、甫十、甫十一、甫十二、甫十三、甫十四、甫十五、甫十六、甫十七、甫十八、甫廿共十五件，此种有文字之木均为铺地木条，乃知甫为铺的省文（按，甫字均省去右上末笔的一点）。又称：冢中古物陶器最多，其盘、鼎、尊、罍亦皆周器。还有玉璧二件，铜半两钱二千余，五铢钱仅数枚。冢有五铢，必与（赵）佗无关。（三主）婴齐冢经与孙吴黄武五年发掘，此冢当为南越（二主）文王胡者。

梁启超得知东山龟岗的南越冢发现木刻文字后，给当时的省长朱庆兰写信："事关保存古代文字，希赐留意。"著名学者王国维也为之写了跋语，亦认为其是南越文王胡冢的黄肠题凑的刻字。这是20世纪初广州出土历史文物的一件大事，轰动一时。这15件有刻字

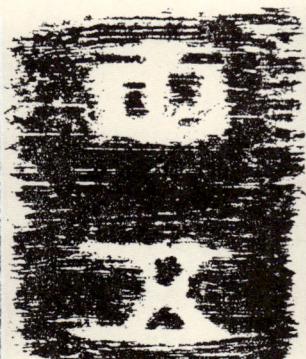

○ 广州东山龟岗南越冢出土的椁板文字拓本

的椁木，当年分由七处收藏，时至今日，仅得知香港中文大学文物馆和广东省博物馆各入藏其一二。

寻寻觅觅三十年

广州的现代田野考古工作起步较早。1931年，黄花考古学院在镇海楼广州市立博物院成立，随即开展现代田野考古发掘工作。1931年至1932年间，先后在东郊、西郊和北郊的多处地点发掘汉、晋、南朝古墓及清初尚可喜的王府遗址，可惜考古工作难以为继。直到中华人民共和国成立后，从1953年初开始，由于配合当地的各项基本建设施工而展开考古调查发掘，延续至今（仅"文化大革命"

期间有几年中断）。这一阶段的前30年（1953—1982年）主要在近郊发掘，有自秦至明的各朝代古墓葬发掘。后一阶段从1983年开始，由于广州自秦、南越国以来2000多年的老城区中心未变，城区地下埋有各朝代的遗址、遗物，其文化层相互叠压达4—6米，随着城区各项经济建设的加快，城市地下文物保护成为这一阶段的重要任务。

1953年1月，考古人员在西郊一处俗称石头岗的工地清理一座秦代木椁墓，这座墓出土有陶、铜、漆、木、玉等器物，同时出土的还有一个盖面有"蕃禺"两字烙印的漆器，这是广州古地名见诸出土文物的最早实例。可惜发现时木椁已被破坏，出土器物亦已全被取出。考古人员由此联想到南越的王陵问题：假如赵佗的墓有朝一日在某工地被发现，难保不受破坏、扰乱，其损失是难以评估的。怎么办？除了加强对文物保护的宣传教育，增强人们的文物保护意识外，积极开展田野调查工作也很重要。鉴于秦始皇陵在骊山下，远离都城咸阳，而西汉的十一座帝陵都分布在渭河两岸，距长安城也不算近，估计南越的赵佗墓也会在当时番禺都城的远郊。

20世纪五六十年代，在配合基本建设的考古调查中，考古人员几乎走遍了广州市的近郊和远郊，至1960年共发掘了秦至明代各时期的古墓700余座，其中两汉（包括西汉初的南越国时期）墓共182座，分布于市郊29个地点，其中以在东郊华侨新村的玉子岗等地点分布较为密集。如1955年在华侨新村发掘的一批南越墓，绝大部分是木椁墓，少数为土坑墓。这些墓葬，既有平民的，又有中小官吏的，还有王国高级官吏的。在这些墓葬里发现了一些印章，比如第

15号墓出土一枚"赵安"玛瑙印；第49号墓是一座分室的木椁墓，有"李嘉"玉印；还有两墓出土有铜穿带两面印，一为"梁奋""臣奋"，另一为"得之""臣之"；另外墓中还出土有"臣偃"玉印和"辛偃"玉印。从出土随葬器物中的印章及陶器、漆器上的铭文来看，都未发现与《史记》《汉书》记载的南越国人物的名字对得上号的。而"得之""臣之"的铜印尤为特别，因为在汉文化的文献史籍中，未见有以"得"为姓氏的，这墓的主人可能是越人。到了20世纪80年代初期，已发现的南越时期的墓有200余座，但仍未发现南越王陵的踪迹。

　　1983年5月，在广州的西村凤凰岗发现一座大型的木椁墓，该墓坑口长13.8米，宽5.7米，斜坡墓道宽3.2米。木椁仅存底板和两侧的3块壁板，底板24根，全是宽、厚为0.44米的大木，这是在广州发现的南越国时期木椁墓中特大型的墓例，墓坑内全部填沙。因墓早已被盗，在一个盗扰坑中发现玉器22件，位置凌乱，有璧、璜、环、蝉（死者的口含）、舞人、组玉佩饰和剑饰等。其中一件玉舞人，形态端庄，额前华发高耸，两鬓垂肩，脑后垂小辫，着弓鞋，罗裙曳地，腰束丝带，左手上举做扬袖姿势，右手下垂，正在翩翩起舞。经过与据传为二战前出土于洛阳金村战国墓、现藏美国华盛顿弗利尔博物馆的双女玉舞人相比较，得知这件出土的残件其左边的玉人已缺失。这座大墓发现的陶器和玉器都属于南越国时期，而且有剑格、剑珌的玉剑饰发现，墓主当为男性。这墓有可能就是三国时被孙权派遣的吕瑜所掘的南越三主赵婴齐之墓。当然，这是欠缺

"赵安"玛瑙印印文

"李嘉"玉印印文

"梁奋"铜印印文

"臣奋"铜印印文

"得之"铜印印文

"臣之"铜印印文

"臣偃"玉印印文

"辛偃"玉印印文

○ 华侨新村南越墓群出土印章

○ 凤凰岗大墓玉舞人正面　　○ 凤凰岗大墓玉舞人背面

○ 洛阳金村战国墓出土的双女玉舞人

实证的。因为玺、印等最能证明墓主人身份的物证大概早已落在三国吴主孙权的手中，未能留传下来，这墓的主人是谁已成历史之谜。

象岗下的发现

象岗位于风景秀丽的越秀山西边，在明清广州城的西北角，海拔只有49.71米，与海拔70米的越秀山主峰越井岗原有一段山梁相连，因其形似大象而取名象岗。

明初，因兴建广州城的北门，于是开凿象岗，山梁被削平了，成为广州北城门的出入大道。从此，象岗与越秀山断开，成了一座孤立的小岗。清代顺治年间，在象岗顶构筑了拱卫城北的炮台——巩极炮台，此后这里一直被划为军事禁区。20世纪70年代解禁后，沿象岗脚下陆续建起了公寓楼和大酒店。

20世纪80年代初，广东省人民政府基建部门在此兴建公寓，花了将近3年的时间，将岗顶削低17米，推出了一块约5000平方米的地盘准备用来建公寓楼房。就在开挖墙基时，工人们发现了排列整齐的大石板，从石缝中窥视，下面是空的，像一座地下石室。

这一发现的时间是1983年6月9日的上午。紧急电话打到广州市文物管理委员会（简称文管会），两位年轻的考古队员迅速赶到工地，看到施工现场已开挖了两纵一横三条深0.9米的楼房基坑，坑底露出大石块，在横基坑的南边，还挖穿了一个洞，用手电筒伸入洞

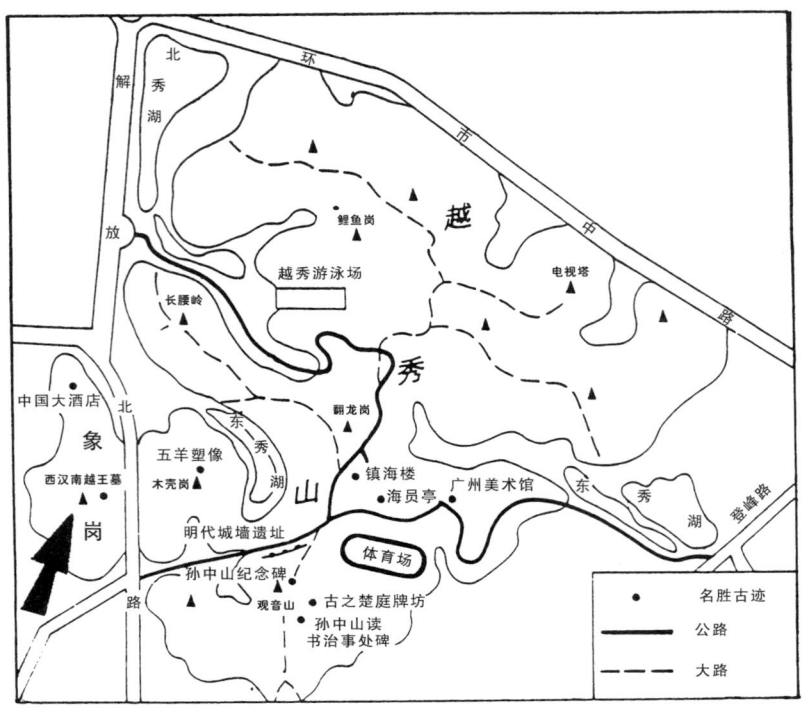

○ 陵墓与广州城区关系图

口往下探照，只见到洞口紧挨着一堵红砂岩的石墙，还隐约看到石壁上有墨绘的云纹图画。随后赶来探查的麦英豪见到这般情景，联想起1964年在广州的东山曾经发掘过一座明代的太监墓，墓壁也是用红砂岩砌筑，规模宏大，与此类似，还以为又碰上一座大型明墓了。

入夜，当围观的群众离开后，几位考古人员再次来到了工地，他们移开为保护洞口而临时覆盖的木板和泥土，用手电筒再次伸入洞中观察。这次比白天看得更清楚些。首先映入眼帘的是一只侧卧的大铜鼎，旁边还有几件陶器。他们几乎不相信自己的眼睛，擦擦双眼，认真细看，真是既惊又喜。原来这些都是南越国时期的陶器，其中还有典型的印纹陶罐。看来，上午被墓壁的红砂岩石墙误导了。

经过三天的地面勘查，最后选定身材高瘦的年轻考古队员黄淼章从洞口下去"冒险"探查。经探查确知，正面有一道石门已被泥土填满，东西两侧有两个耳室，堆满了随葬器物，黑洞洞的，连手电筒的照射也显得暗淡无光。三天前在墓室上面从挖开的洞口往下看到的铜鼎和几件陶器，原来是从西耳室滚出来的。从陶器判定，此墓属南越国时期已是确凿无疑了，而且该墓没有被盗过。

从地面勘查得知，墓坑呈"士"字形，南北长10.85米，东西最宽处为12.5米，建筑面积只有100平方米左右。论面积虽不算大，但比之30年来在广州发掘的南越墓群中的大型木椁墓，却要大出许多倍。而且它还是一座石室墓，岭南地区首次得见，真是独特得很！

经过探查，这座墓的规模大小、墓室结构形制已大致清楚，考古人员断定，从规模上看，此墓应属王陵。但究竟是南越国哪一代王的陵墓呢？前述1916年东山龟岗发现了有木刻文字的南越冢，当时的学者认定它为南越国第二代王赵胡的陵冢，虽未能提出有力的根据，但亦未见有质疑或否定的意见。至于西村凤凰岗大墓，木椁规模之大、出土玉器之精美完全超出了自1953年以来之发现，说它是三主婴齐的墓，亦极有可能。那么，象岗发现的这座石室大墓，会不会就是第一代王赵佗的陵墓呢？

遵照《中华人民共和国文物保护法》第二十九条的规定，在地面勘查工作完成后，广州市文管会立即将发现情况分别报告广东省文管会和文化部文物局，很快接到中央的复电："发现重要，请即派专人到京汇报。"文化部文物局的有关领导同志听了麦英豪同志对该墓发现情况的汇报后都很兴奋，时任副局长沈竹（主持全国文物考古工作）指出："这个发现很重要，不亚于长沙马王堆汉墓。广州方面要组织好人力，要进行科学发掘，要按正式程序办好报批手续，并与社科院考古所联系，文化部文物局一定大力支持。"沈竹接着说："看来，我们要派人到广州了解情况，协助工作，请（黄）景略同志（文物处处长）和（蔡）学昌同志（文物保护研究所所长）考虑一下，要事先做好准备。"时任秘书长谢辰生同志认为："这墓的发掘关键在于夏鼐（时任中国社会科学院考古研究所名誉所长），只要老夏同意就好办了。至于发掘经费，文物局可以拨助。广州的同志提到这墓主人可能是南越国某代王的问题，我看不用着急，墓主会自报家门的。"我们听了文化部文物局领导的意见及表态支持，十分兴奋。夏鼐所长正出席全国人大会议，当他得知广州象岗大墓的发现情况后十分高兴，对考古所的几位负责同志说："这是一个重大的发现，不下于马王堆和满城汉墓，因为已经暴露出来了，要及时清理保护。我们要从中国考古事业上来考虑这个问题，一定要把这座汉墓的发掘事情办好。考古所要尽量运用我们现有的技术水平，尽我们的最大力量投入这项工作中去。考古所要参加发掘工作，而不是去做客，要跟广州的同志一道把这件事情办好，不要把它看成是个额外负担，要看作是考古所义不容辞的责任。如果人力上一时有困难，有的工作要停就停，要抽的人就抽，一定要把这墓的发掘做好。请通知广州的同志，赶快写个材料通过省报上来，由文物局考古所会衔上报国务院，待批准后进行正式发掘。考古所要选派人与地方的同志联合组成发掘队，但队长要由地方同志担任，（考古）所的同志也可参加。发掘的出土物考古所一件不要。为了保证质量，早日把发掘报告出版，（考古）所要派人参加编写，出版时考古所的名字要排在后头。"我们是第二天专程到社科院考古所的，听了他们转达的夏先生的指示，感到更加高兴。

由文化部文物局、社科院会衔上报申请发掘的报告很快得到国务院的批准，文化部文物局同时颁发第132号考古发掘证照。由广州市文物管理委员会、中国社会科学院考古研究所和广东省博物馆三家单位的考古人员组成的象岗考古发掘队正式成立，共45人，麦英豪任队长，中国社会科学院考古研究所研究员黄展岳和广东省博物馆研究员杨式挺分别任副队长，考古队下设发掘组、技术组（负责文物保护、拍电影、录像、摄影等）、保管组和行政组等几个部门。黄景略处长和蔡学昌所长接受文化部文物局的委派，监理发掘全过程的"两个安全"（人员安全和出土文物的安全）。

2 神秘的石构玄宫

043 主棺室的墓主灵寝

050 东侧室四夫人

051 西侧室众仆役

053 后藏室御厨珍馐

022 前朝后寝的严整布局

033 前室的宦者与车马

035 东耳室的宴乐珍藏

039 西耳室的御库之藏

前朝后寝的严整布局

中国封建社会厚葬风气鼎盛，皇帝及贵戚、官家与富人都以"事死如事生"作为尽孝的体现。秦汉的帝陵地面大都筑有高大的坟丘、宏大的陵园。王国的宫室如同京师，王陵的范围广袤数里。至今已发现并发表的西汉王陵（包括王后墓）不少于40座（其中有4座未被盗），这些王陵的地表大都有高大的封土堆，据其营造可分为依山为陵的崖洞墓（或称洞室墓）和竖穴土石坑墓两种类型。

崖洞墓大多选择在山冈上营造，开凿于山腹之中，工程浩大，山东和江苏徐州拥有最多的西汉崖洞墓，经认定的有8座。其中徐州狮子山楚王陵全长117米，内有12个室，因早年被盗，仅有3个室幸免，出土遗物2000多件，其中铜官印、封泥240多枚，玉器200多件（套），还有铜半两钱20余万枚，可以想见埋葬时的"厚资多藏"；另一座是徐州北洞山楚王墓，主墓室的崖洞长逾66米，另外在东侧露天开凿11个室，作为外藏室，与主墓室分隔开，设计特别。崖洞墓仅3座未被盗，其中的两座是河北满城中山王刘胜墓及其妻窦绾墓；另一座是徐州石桥2号墓，发现时遭破坏，但尚存铜器、玉器、陶器、漆器等167件器物，有"明光宫赵姬""王后家"铜器，为西汉中后期某代楚王之妻的墓。

竖穴土石坑墓是在山冈或高坡地开挖竖穴，然后在坑底构筑墓

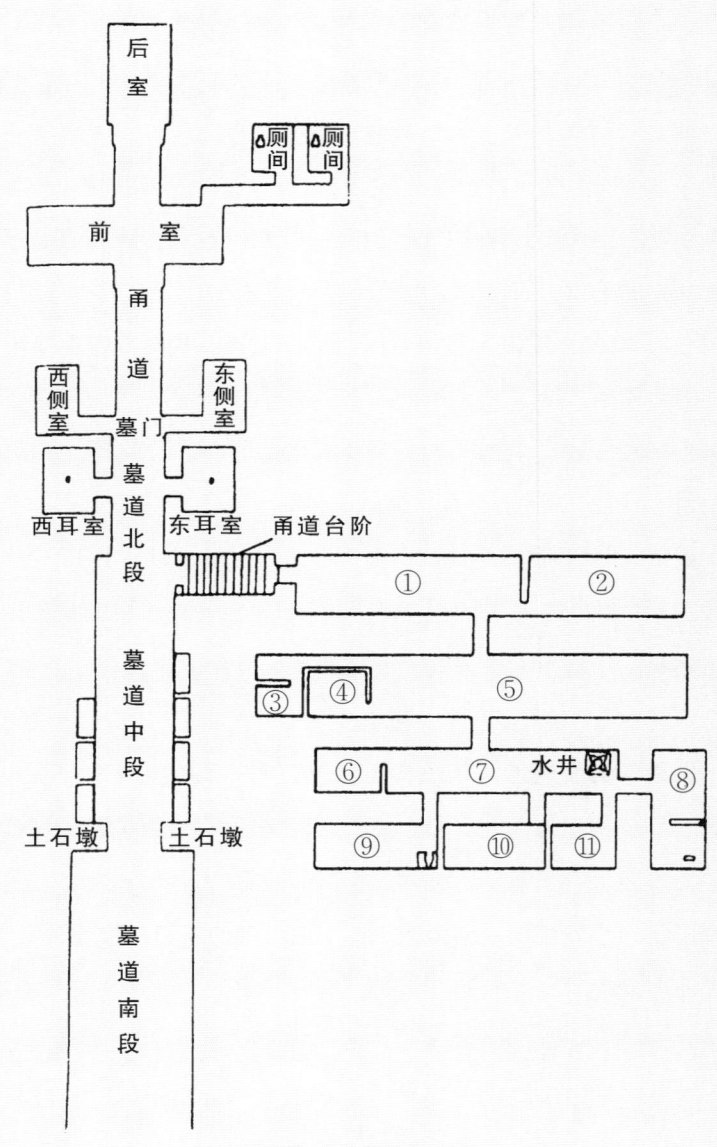

○ 徐州北洞山楚王墓平面

1.侍卫室 2.库房 3.厕间 4.更衣室 5.宴饮乐舞室 6.仓房 7、9、11.厨房 8.柴房、厕间 10.凌阴

室。墓室有用木材构筑和石块构筑两种，用木材构筑的以"黄肠（柏木）题凑"为主。著名的湖南长沙象鼻嘴吴氏某代长沙王的陵墓即为"黄肠题凑"墓，其竖穴的墓坑口为387.49平方米，深7.9米，在坑底堆叠"黄肠题凑"，其外椁、内椁房形如回廊，分隔出10个小室，棺房中置梓木的三套棺。1974年发掘的北京大葆台广阳顷王刘建的王陵，周壁的"黄肠题凑"椁室是用15000多根长90厘米，宽、厚10厘米的柏木叠砌而成，棺房中置五套棺椁，外椁用楠木，内椁为梓木。据汉制，皇帝、皇后的棺材用梓木，称"梓宫"（《汉书·霍光传》）。由此可见，两汉时南北两地的诸侯王、富家贵戚在礼俗上往往"僭越"，大肆铺张，正如东汉王符《潜夫论·浮侈篇》中记载："京师贵戚必欲江南檽梓，豫章梗柟，边远下土，亦竞相仿效。"而"檽梓……乃生于深山穷谷……工匠雕治，积累日月，计一棺之成，功将千万，夫既其终用，重且万斤，非大众不能举，非大车不能挽"。至于竖穴土石坑墓中用石块构筑墓室的王陵仅见两例：一例是本书所述的广州象岗石室墓，另一例是山东巨野昌邑王刘髆（？—前87年）的王陵。这座昌邑王石室墓的构筑很特殊，墓室的左、右、后三壁是原坑壁，紧贴前面封门石墙再叠砌三层石板封堵，石顶是先架构一个棚架，在上面再铺四层石板作盖顶，当考古工作者发现时，木棚架已朽腐，石板全塌下。幸好这墓未被盗，从中发掘出土文物1000多件。

象岗是一座风化石英砂岩的土石岗，陵墓的竖穴是在岗顶往下开挖，深逾20米，墓道在南面。因南部的岩层较坚硬，在前部的东

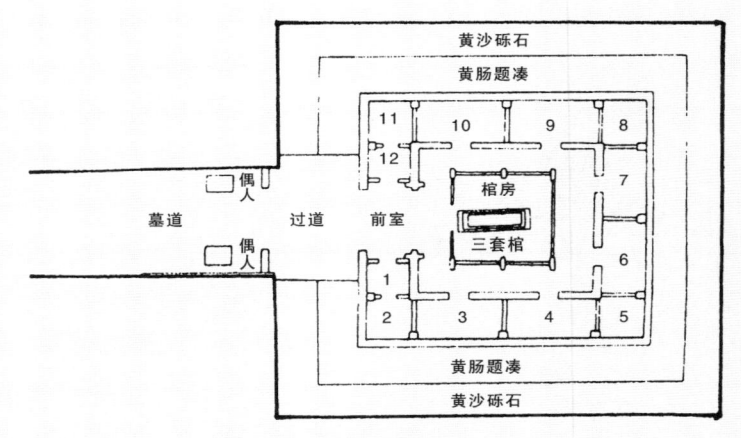

○ 长沙象鼻嘴吴氏长沙王墓平面

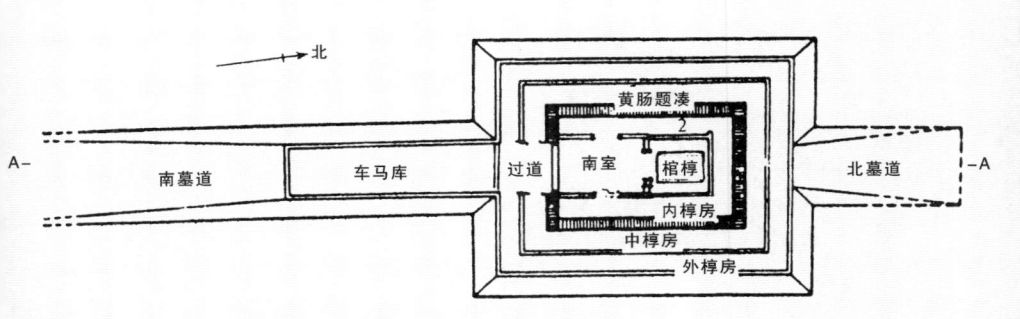

○ 北京大葆台广阳顷王刘建墓平面

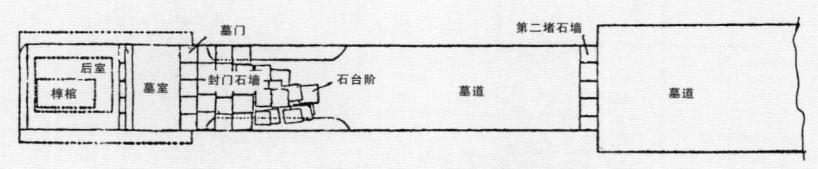

○ 山东巨野昌邑王刘髆墓平面

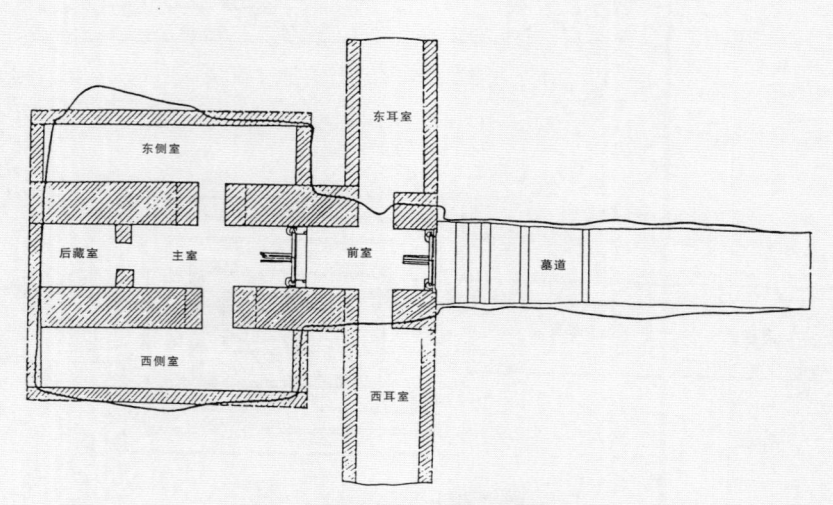

○ 广州象岗石室墓平面图

西两侧开凿成崖洞，整个竖穴的底部平面呈"士"字形。墓室共用750多块厚重大石板构筑而成，建筑平面约100平方米。前部有前室和东西两个耳室，三室呈东西横列；后部平面呈方形，主室居中，左右两边为东侧室、西侧室；另外在主室的石室贴墙砌出两根石柱，分隔出一个后藏室。前室与主室各设置一道两扇的石门，构成前朝后寝的布局。全墓7室共14堵石墙，都是在竖穴坑底的原岩上紧贴坑壁砌筑，干砌，少数是错缝，以对缝为多，黄土抹缝。位于当中的两堵石墙各厚1.1米，墙头上铺有一行横向平置的挑檐石板（有如

○ 墓室中的挑檐石

我国木结构梁柱连接处雀替的功能），石板一端伸出墙体外0.3—0.5米，以减少两石墙间的跨距，上面再覆盖一层顶盖石板，成为墓室的上盖。由于墙头上加垫了这块挑檐石，顶盖石板虽然承受竖穴中回填土的重压，但因与石墙之间不是直接受到剪力作用而避免了折断。在发掘时见到，当中两堵石墙上的挑檐石板伸出石墙头的一段多数都断落了，而顶盖石板得以幸免，可见2000多年前的岭南建筑工匠，对结构上如何减缓剪力作用已有充分的认识。雀替的实例，最早的只见于北魏的云冈石窟。

全墓的顶盖石板共28块，前室的最大，长2.5米，宽2.2米，厚0.24米，重约2.6吨。其余各室的27块，每块长2米多，宽1米多，重1—2吨。每块石头朝室内的一面都打凿平整，其他的各面仅粗加工。这样大量的石材当时采自何处？经过地质部门的鉴定，主要来自两个地点：用量最大的墓室墙壁的红砂岩石，采自番禺的莲花山，也有些采自北郊的飞鹅岭。其中两对石门用较为坚硬的次石英斑岩凿成，还有顶盖石和挑檐石多为水平纹理的岩石，如最大的一块前室顶盖石板，为灰白色流纹斑岩。这几十块石板水平放置在墓室的顶部，确为墓室顶部适用的上好材料。番禺莲花山石矿场，位于珠江三角洲河口地带，东临狮子洋，距广州老城区约20海里。1975年，广州中山四路发现秦造船遗址，说明当时从莲花山经由水路把开采的石材运到象岗（西侧有芝兰湖通珠江）是非常便捷的。

1983年8月23日，考古人员齐集象岗发掘工地。首先分组讨论发掘方案，每个成员都要清楚自己的职责，继而分组进行发掘前的

○ 正式发掘前的象岗工地

各项准备工作。这时，墓室上方已搭起了一个巨大的油毡棚以遮挡阳光和风雨，周围还拉起了铁丝网，一个班的武装民警进驻工地，荷枪实弹的哨兵一丝不苟地核查着每一个进出人员的证件。大家在席棚和临时搭建的活动板房里各就各位，做着发掘前的各种准备工作。虽然这些人中不乏久经沙场之士，但大家都明白，即使参加过100次发掘，在第101次时仍可能出现完全没有遇到过的新情况。为了对文物和发掘队员人身安全负责，对记录资料的科学性负责，必须一丝不苟，谨慎再谨慎。

1983年8月25日，发掘正式开始。发掘分两个阶段进行，第一阶段发掘墓室前部，得出经验，为第二阶段的发掘打基础。

前部由南而北包括墓道、外藏椁、墓门、前室、西耳室和东耳室。现存的墓道口从南端至墓门的水平长度有10.46米，往下清理发现填塞了两层大石，第一层有18块，其中有4块填塞到近墓口的石门板，其余在斜坡形的墓道上。这些石块既有象岗地层的石英砂岩，又有筑墓用的红砂岩，都未经加工。表明墓道中原来是用土与石块分层填塞的，墓室上面是由外地运来的黄土、红土掺和粗沙等分层回填，逐层夯实，直到原来岗面，封埋得严严实实，使整座石室深藏在象岗的山腹中心，地面不留痕迹，以防盗掘。

墓主人为了防止身后墓葬不被盗掘，往往挖空心思、处处防范。在历史上还发现过"此地无银三百两"的有趣例子：1981年，考古人员在江苏徐州发掘龟山汉墓，墓主是西汉郡王刘注夫妇。考古人员发现，在墓室甬道里堵塞了两层共26块大石，每块大石重达六七吨。大石上还刻有一段文字，大意是："后世的贤大夫们，我虽是下

○ 墓道填石

葬的一代楚王，但我敢向上天发誓，墓中没有放置华贵的服饰、值钱的金宝玉器，只埋了我的棺木及尸骨。当您看到这则刻铭时，心里一定会为我悲伤，所以你们就没有必要动我的墓穴了。"但事与愿违，这座墓早在考古队发掘之前就已被盗窃一空了。相比之下，象岗这座南越王墓，墓主人在防盗上的良苦用心得到了相应的回报，到这座墓最终被发现时，距其营造之年已有2000多年了，墓主人在地底仍是安然无扰。

在墓道斜坡尽头，发现1个殉人的遗迹及随葬的铜镜、带钩、陶器等物计10余件，往北紧靠石室墓门外又发现有木构的外藏椁。外藏椁的东边有1个殉人，西边堆满随葬品。器物分上下两层，下层共17个大陶瓮，呈曲尺形排列；上层除仪仗铜饰外，还有1个木箱，里面盛了2组铜车饰和9件鎏金的仪仗顶饰。

在清理大陶瓮内外的泥土时，在3个瓮的肩部发现了"长乐宫器"四字印戳。专家们兴奋得不约而同地叫出声来："旗开得胜！"一时间，摄影师、录像师都把镜头对准了这堆陶瓮，闪光灯闪个不停。

为什么考古人员见到"长乐宫器"这四个字这么高兴？有什么原因？这还要从汉高祖建立汉朝说起。

刘邦打败头号对手项羽后，在荥阳（今河南荥阳）登位，当上了汉朝第一个皇帝。此时秦始皇咸阳城里的宫殿早已被项羽的军队一把火烧尽，于是刘邦命丞相萧何在咸阳城郊幸存的兴乐宫基础上修建新的宫殿，并于汉高祖七年（前200年）二月建成，命名长乐

○ 外藏椁的器物（右为殉人棺位）

○ "长乐宫器"戳印文

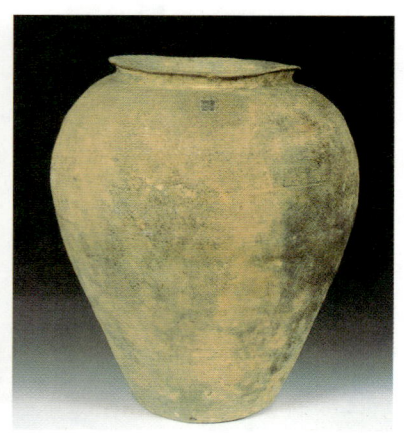

○ 陶瓮

宫。可以说，长乐宫是刘邦立国后建的第一座宫殿。

那么，有人会问："在象岗古墓门口的外藏椁堆放的这些陶瓮，会不会是由汉宫'长乐宫'监制，然后由朝廷赏赐给南越国的呢？在西安的长乐宫、未央宫遗址不是也发现有'长乐''未央'字样的瓦当吗？"考古人员的回答是："不可能。"因为这些陶瓮属于南方印纹硬陶系统的南越陶系，是在当地烧造的，与北方咸阳等地的泥质灰陶风格截然不同。这就透露了一个重要信息：当时南越国也仿效汉宫建造了长乐宫。在这座墓中出土了印着"长乐宫器"的器物，表明墓主的身份绝非等闲。

同时，殉人的发现也很有意义，因为这在广州汉墓发掘中是第一次发现。敛藏殉人的外藏椁面积虽不到8平方米（3.8米×2米），与上述徐州北洞山楚王墓主墓东侧的11个外藏椁室的规模无法相比，但这里的功能比较容易让人了解：墓道与外藏椁中的两位殉人，其身份相当于"门亭长"，是为墓主掌门的。置备的车马、仪仗，整齐排列的17个大陶瓮，用来储备各种食品，是为出行而设的。

前室的宦者与车马

墓内前室和主室各设有一道石门，其形式、结构完全一样。第一道石门的两扇石门板的上轴因为被回填的乱石挤压而断裂，向里倾斜，所以发掘时考古队员不费什么力气就进入了前室。

这里是墓主人生前的"朝堂",室内四壁和顶盖都绘有红黑两色的卷云纹,图纹鲜艳夺目,富丽堂皇。

前室面积不大,还不到6平方米。西边原来放置有一辆漆木车的模型,鎏金的铜车饰散落一地。东边发现一个殉人,在棺板灰痕上还能找到一些碎渣状的残骨。殉者有一套组玉佩饰随葬,由璧、环、璜共7件玉饰和一个鎏金铜环组成,同在一起的还有一面龙纹铜镜和一枚鱼钮的"景巷令印"铜印。

○ 前室出土情形

东耳室的宴乐珍藏

从前室的左边,通过一段短、窄、矮的过道就进入东耳室了。东耳室内又藏了些什么宝贝呢?

从考古发掘看,东耳室内随葬的主要是礼乐器具,放得满满当当,令人眼花缭乱。

沿北墙根由大而小排列着14个青铜钮钟,接着是5个较大的甬钟。钮钟前贴地平放着两套石编磬:一套8件,另一套稍大一些,有10件。在钮钟和甬钟之间有一点空隙,摆放着3把青铜戈,其中一把去锈清理后,发现戈的内部刻有"王四年丞相张义"等铭文,刻画的纹道浅细,字体草率。经考证,这个"张义"就是战国时著名的纵横家、秦国丞相张仪。这么说,这把戈应该是张仪在秦惠文王更元四年(前321年)时监铸的兵器,可能是后来征战岭南的秦军带来的。看来,这把铜戈是墓主生前视为家传宝物而收藏的兵器,并被带到阴间,放在重要的场所做摆设。如果这墓的主人是赵佗,而赵佗死于汉武帝建元四年(前137年),那么上距戈的铸造之年已有185年;假若墓主是南越的第二或第三代王,那就足有200多年的历史了,尤为可珍。

沿北墙转到后墙根下,还有8件青铜勾鑃,其中6件套叠在一起,另有2件放在两头。这8件勾鑃器身上都铸刻有"文帝九年乐府

○ "张义"戈内刻铭

工造"两行篆文和"第一"至"第八"的编号。这位"文帝"如果是《汉书》中记载的"藏武帝、文帝玺"的南越国第二代王赵胡，那么这是他继位后第九年（前129年）铸造的一套大型越式青铜编钟。这套勾鑃的发现，完全可以排除此墓的主人就是南越一主赵佗的可能，但却不能就此肯定是南越二主赵胡。因为如果是第三代南越王婴齐的墓，他有父亲（文帝）或曾祖（武帝）的遗物随葬，实不为奇，秦朝张仪铜戈不是也出于这个室？

在东耳室的中后部堆置有一些大型青铜酒器，有大钫1对、小钫1对、壶1对、大小瓿各1对、大提筒3件，还有漆木胎镶嵌象牙和金银饰片的博局，用墨玉和水晶做的六博棋子，鎏金的瑟、琴等乐器部件。这些都因室顶一块大石盖板断裂掉下来，被砸毁或抛向四边。

在东耳室中部靠南边又发现1个殉人，残存的头盖骨、肢骨等已漂移。经鉴定为20—35岁的男性青年，可能是一名乐伎，他有4件玉佩和铜镜随葬。

另外，在南墙根下依次排列6件铁器，分别为2件镬、3件锸和1件锄。人们可能会觉得奇怪，在存放礼乐宴饮器具的东耳室内，怎么会放这些用于旱地和水田耕作的农具呢？是错放了吗？不是的。这其实是刻意的安排。在古代有天子籍田，劝民稼穑的做法。《史记·孝文本纪》载："上曰：'农，天下之本，其开籍田，朕亲率耕，以给宗庙粢盛。'"相传天子的籍田千亩，诸侯百亩，都是征用民力来耕种的。但每年春耕前夕，天子、诸侯会手执耒耜（农耕工具）

○ 东耳室随葬物出土情形

在籍田上三推或一拨,称为"籍礼"。这座墓的主人显然也是继承了这个"籍礼"的遗风,特意放上几件农具,表示自己在弦歌宴舞之时,仍不忘躬耕劝农呢。

西耳室的御库之藏

前室的右边就是西耳室,西耳室的大小形状与东耳室相同,它是墓主存放御用器物的场所。

室中大多数器物在当初入藏时,先用丝绢逐件包裹放入竹笥或漆木盒、漆木箱中,然后再分层排列在木架上。后来木架朽毁,架上的随葬物都坍倒下来,相互叠压,连短窄的过道入口处也挤满了铜器和陶器,几无立足之地。凡主人生前所用、所穿、所玩、所好的各色物品,这里应有尽有,一股脑儿都堆在里面,真是百物杂陈。

西耳室林林总总的随葬器物多达数百件,大致可分成几类:一是生活日用的铜容器和炊煮饮食器具,有壶、提筒、锏、盆、匜、勺、鼎、鍪、烤炉、姜礤等;二是武器装备,有铜剑、弓、箭镞、铁甲、皮甲等;三是乐器,有铜铎、琴瑟的部件与陶响器;四是渔农耕作器,有钓鱼钩、网坠、镰刀等;五是医药器物,有五色药石、中草药物、药饼和捣药的杵、臼等;六是木作铁工具,有两箱共计78件,包括锤、凿、锉、削、刮刀、刨刀、弯刀、刻刀、锥和铜锯,其中锉还分方锉、扁锉和半圆锉三种。可以说,这是考古发掘中发

○ 西耳室过道堆满器物

○ 西耳室后部器物出土情形

现的品种最多、数量最大的成套木作工具。

此外,还有不少贵重珍玩,如玉璧、玻璃璧、玻璃铜牌饰、玉石印章、玉舞人、金带钩、金杯托座、金扣象牙刻画卮、银卮、原支大象牙、大铜镜和玉具剑饰,还出土了成箱的墨丸(4300多丸)和一套石砚,盛于一只大竹箱中的车马饰件,共计13大类1350件。丝织物尤多,有整匹的丝绢,虽已炭化成灰,在显微镜下仍可分辨出绢、纱、罗、锦、绮等品种。室内还发现9枚封泥,有的是附贴在器物上的,这说明这些随葬器物中有的是墓主生前亲自缄封后才放入的。

值得一提的是,在西耳室中部的南墙根下,出土了一件错金文虎节,全器用丝绢裹缠,锈蚀呈翠绿色,去锈后显出错金铭文和镶嵌的金箔片虎斑纹。

用符和节作为传达国王的命令、征调兵将和各项军务的一种凭证,在我国战国时即已出现。按《周礼·地官·掌节》的记载,"凡邦国之使节:山国(多山的地方),用虎节;土国(指平原的地方),用人节;泽国(指多水的地方),用龙节"。在《周礼》"小行人"中又记有:"达天下之六节,山国用虎节,土国用人节,泽国用龙节,皆以金为之。道路用旌节,门关用符节,都鄙用管节,皆以竹为之。"虎节多用铜铸成,也有用金、玉、角、竹、木等不同材料制作,用时双方各执一半,对合起来,以验真假,如兵符、虎符等。

目前所见,此物在秦国称符,其他地方称节。就铭文"王命＝车徒"来看,这是整件兵符的上半,还应有对合的下半一件,对合

○ 错金文虎节
　长19厘米
　高11.6厘米
　最厚处1.2厘米

起来，铭文就完整了。但墓中仅发现这上半一件。从铭文的字体和文例来看，应是战国时楚国的兵符，这与同墓所出"张义"铜戈一样，可能是秦军入越时带来的，其后成了南越王室的藏品。

墓室前部发掘从8月25日正式动工到9月13日止，共计20天。这期间考古队员们既紧张，又兴奋。他们夜以继日地在墓室内多只炽热的强光灯下，在潮湿、闷热的空间内，一边汗流浃背地精心清理各种随葬遗物，一边记录器物的出土现状和绘图，而担负拍摄出土现场和发掘全过程的电影纪录片任务的几位专职队员，他们的工作也是争分夺秒的。由于墓室内空间有限，考古人员只能轮番进入室内操作，经常通宵达旦，因为天天都有重要的、新的发现，紧张和兴奋把超时工作的疲劳驱跑了。

主棺室的墓主灵寝

墓室发掘的第二阶段是清理后部四室的工作，怎样把墓主人棺椁的清理做细、做好，是整个工作的核心，是田野考古工作过硬的体现，那将会是最为重要的一章。

主棺室前的第二道石门，两扇门板紧合，关得死死的，推也推不动。考古队员们要"入宫"工作，却被这道难题挡在门外。后来，请来了园林部门的打石师傅，终于打开左边的一扇石门。检查发现，原来这道石门的门扇上下都安装有铜扣件，上头的门轴套着一个圆

○ 墓室第二道门

右边的铜铺首已被断落的石块打落

○ 铜铺首线图

箍，下轴有个垫碗，都因锈蚀严重而被卡死了。两扇石门板当中的下面还设有石制的自动顶门器，把门卡死。经解剖得知，顶门器是这样设置的：它由五块刀形的石板并列组成，中间三块略短一些，可以活动，均长78厘米，宽19厘米，厚3厘米；侧边的两块稍大一点，长86厘米，宽22厘米，厚3厘米。每块石板均有一个直径2厘米的圆孔，在当中偏前处横贯一铜轴，再把它嵌入石门板下沿后面挖出的一条长约80厘米，深、宽各30厘米的直沟内。这样，两块稍大的石板就成了固定整具顶门器的夹件，而中间的三块因轴心偏前而前轻后重，前部扬起，后部低垂。当两扇石门关闭时，门板下沿刚好挂到顶门器的上面，把扬起的三块石板压下去；当两扇门板平合后，当中的三块石板因前轻后重就扬起来，刚好把两扇石门的下

○ 顶门器

沿一角顶死。这样，从外面就无法推开门了。这是多么简单而又设计巧妙的防盗机关！

主棺室位于后面四室的当中，居于全墓的中心位置，也就是墓主的寝宫。当考古人员从西边打开的一扇石门进入主室后，一眼见到五块大石块横七竖八地堵在东侧室和西侧室靠过道口处，这是两边石墙上面的挑檐折断掉下来的石块，还有不少碎石块撒落满地。在大石块旁见到两个大型的铜铺首，显示这是墓主人的棺椁位置，真担心这里不知有多少珍贵的宝藏被大石砸坏了。

进行清理工作时，考古人员首先把掉落的所有石块移到室外存放，然后再来观察主棺室，发现其面积不到9平方米，中间放了墓主一棺一椁后，周围已没有多少空余之地了。随葬器物大多靠墙放置，

○ 掉落在主棺室的挑檐石块

○ 主棺室器物出土现场

一副长3米的漆木大屏风折叠后贴靠东边石墙边，又因其过高过大，屏顶上的鎏金饰件如朱雀、铺首等全摘下来堆放在旁边。沿西边石墙下堆放着武器，计有铁剑4柄、铁矛7支、铁戟2件、铜戈1件、铜弩机15件，以及大批铅弹与铜箭镞。在主棺室后面通后藏室的两石柱上，也各放1支铁矛，真是拱卫森严。

墓主的漆木棺椁已经腐朽，只留下一些板灰和棺椁的残漆皮。椁盖上面四角处，原来都放有1个大玉璧，椁的两侧各钉嵌1对大铜铺首，椁头、椁尾也各钉1个。这些大铜铺首随着椁板朽塌而倒在地上。

○ 棺内的玉衣、玉璧发现时的情景

○ 墓主头、胸位置的玉饰件等器物

2 神秘的石构玄宫

发掘工作最困难的就是清理殓埋墓主遗骸的内棺了。考古人员小心地把覆盖在上面的棺木板灰、泥土等一点点地剔去之后，奇迹出现了：整个棺内几乎都有玉衣的薄片，上面还压有许多玉器等饰物，有玉璧、透雕玉佩饰，有金珠、玻璃珠、金印、玉印，还有金光闪闪的薄金饰片，有的已散乱，因而位置高低错叠。

这给考古人员出了个难题。如果见一件起取一件，势必会破坏器物之间的组合关系，它的功能也会弄不清楚，以后就无法复原。这时，夏鼐先生外出考察到了广州，在准备返回北京之前来到现场了解发掘情况，他得知有玉衣等重要遗物发现，十分高兴，在考古

○ 夏鼐先生在现场考察

人员黄展岳（副队长）、杜玉生等陪同下到现场考察。他仔细观察了清理出来的一些随葬器物的出土迹象后，指出："棺椁虽已朽，但是根据所留棺板灰痕及铺首等位置，可以大致推知其原尺寸的大小。你们要眼勤、手勤、脑勤，多记录，多绘图，多拍照，尽可能地把各种迹象记录下来，为以后的复原、研究提供依据。至于玉衣的问题，已有几处露出玉衣片，我建议在清理出玉衣的轮廓后，最好是整取，运回室内，有充足的空间、时间做复原、研究工作。"考古人员都感谢夏先生的现场指导。接下来他们有的蹲着，有的趴着，细心地进行清理工作，在起取前把每一层位的每件器物与上下左右关系的"迹象"，借助测绘、拍照、录像和文字记录保存下来，为以后的整理研究提供最好的原始依据。

经过9天夜以继日的苦干加巧干，清理墓主棺椁的工作完成了。

东侧室四夫人

在主棺室的左右两边有东西两个侧室，平行并列。这两个侧室各有约11平方米的空间，在全墓七个室中是最大的，但室内的殉人与随葬物相当拥挤。

东侧室内埋有墓主4位夫人的棺椁，北边和南边各两副，左右并列。棺木虽已全朽，但从棺木所在位置分别清理出"右夫人玺"龟钮金印和"左夫人印""泰夫人印""□夫人印"3枚鎏金龟钮铜印，由此可知这4位殉人都是墓主的姬妾。

右夫人的棺椁位于室内北部的左边，尚见棺漆残片，骨殖全朽无痕。棺椁位置内除了有金印玺外，还有"赵蓝"两字象牙印、无字的绿松石和玉质印各1枚、组玉佩饰2串。其中的1串由9件透雕玉饰、10粒金珠、1粒"蜻蜓眼"玻璃珠组成，为墓中殉人所有佩饰中最为华美的。另1串由7件玉饰组成，只是叠置在一旁。"赵蓝"象牙印为右夫人的私印，右夫人名蓝，从夫姓。

左夫人的棺椁位置在室内南部左边，与右夫人正对。在棺板灰痕上还有脊椎骨、肋骨、脚跖骨及数枚牙齿等残骨保存，经鉴定，年龄在20—35岁之间。在骨殖旁出有鎏金"左夫人印"铜印，还有铜镜、带钩、铜牌饰和1串由7件玉饰组成的组玉佩。在其棺位右边又发现"□夫人印"铜印和"泰夫人印"铜印。但室内的大部分随葬物因积水浮移，位置凌乱，因此无法确定这两位夫人棺木的准确位置。

西侧室众仆役

经过主棺室西边的过道踏入西侧室，眼前的景象阴森恐怖：室中到处可见骨殖遗骸！南部5具殉人的遗骨历历可数，中部和北部有成堆的动物骨头，这里难道是一个殉人从葬之室？

考古人员首先清理南部的殉人遗骸，将表面的一层薄土剔去后，

○ 殉人尸骨出土情形

室内木地板的灰痕清晰可见，5具殉人的遗骸只余下一些骨渣和灰痕，可以看出这些殉人均无棺具，尸体是直接摆放在地上的。经过细心的剔拨，殉人骸迹大致可见，并发现了两个特殊的现象：一是殉人头向相间错列，如南部第一具殉人头朝东北，脚向西南，第二具殉人则头朝西南，脚向东北；二是殉人头部都覆盖一面铜镜，下面尚有几颗珐琅质部分尚未腐朽的牙齿。这启发了考古人员，其后在清理室内的中部、北部的那堆动物骨头时，因为发现了2面铜镜，下面都附着人的牙齿，由此断定，这里也有2个殉人。如此西侧室共殉埋7人。至于室内北面那些成堆的骨头，经鉴定属猪和牛的部分躯体，且部分有火烤痕，可能为祭奠主人的祭牲。

经过鉴定，7个殉人中有6人死时年龄在20—35岁之间，可能都是女性，有小玉饰、带钩、镜等器物随葬。另一位是40岁左右的女性，她拥有铜镜、熏炉、玉环、玉璜、无字小玉印和一个珍贵的铜框玉卮共8件器物陪葬，她可能为这些从殉奴仆的领班。

西侧室共出土125件器物，是墓内七个墓室中随葬物最少的，而且也不精美，但葬入死者的密度是全墓最高的。

后藏室御厨珍馐

主棺室后面还有一个面积只有3.6平方米的小室，以两根贴壁砌筑的石方柱分成两室。室中堆放炊煮和储存食物的铜、陶器具140多件，这应该是一个"御厨房"了。

室中所藏炊煮器共36件，品类齐全。有的形体很大，如1对越式大铜鼎、1个越式大铁鼎、1对大型铜烤炉等。另有铜鍪11件、釜甑1套。鍪和釜甑配有大小成系列的铁三足架。近门口处还放有许多木炭，连煮食燃料都准备了，想得可真是够周到的。陶器有45件，以瓮、罐为主。

在这些炊煮器具中，原来都放有食品，在其中30多件器物中还见有禽畜、海产的朽骨残骸遗迹，经鉴定，有黄牛、家猪、家鸡、山羊、禾花雀、水鱼、花龟、黄鱼、鲤鱼、广东鲂、虾、河蚬、青

○ 后藏室的随葬器物

蚶、龟足等近20种，尤以贝壳类为多，且个体较全。

值得一提的是，在3个陶罐内发现的禾花雀骸骨不少于200只，且全部已切去头、足。禾花雀是候鸟，每年秋末冬初从北方飞来，啄食水稻吐穗扬花之后刚灌浆的稻粒，故名禾花雀。迄今珠江三角洲一带的农民在夜间用围网捕捉它，仍然是去头去足食用，被广东人视为美食，看来，广东人吃禾花雀的习俗还真是源远流长。

在后藏室还发现13枚"泰官"封泥，与炊煮器同时出土。泰官是掌御厨伙食的总管，看来室中随葬的炊容器具和食物等都是经由这位总管缄封入藏的。

　　紧张有序的室外发掘清理工作结束之后，接着就要转入下一阶段的室内整理工作了。我们一方面整理了田野资料，同时对出土器物加以清点、清洗、修复、加固等，对各类不同器物做了大量的测绘、拍摄，有需要的还要做检测分析，工作繁杂，要求细致。到最后是发掘报告的撰写与研究。

　　此墓发掘后，确认墓主是南越国的第二代王赵眜。赵眜又名赵胡，为西汉武帝时藩属国的诸侯王。墓葬保存完好，出土随葬器物1000多件（套），丰富多样，蔚为大观，足以说明当时中原大地的厚葬之风对边陲的南越王国影响很大。但这座王陵的规制布局有别于同时期的其他诸侯王墓，主要有三：一是不封不树。墓地地面不留痕迹，更没有陵园，墓主大概是仿效其祖赵佗"秘奥神秘之墓"而"慎终其身"；二是墓穴采用土石坑加洞室的一种新的形式；三是严整的前朝后寝布局。墓南向，坐北朝南，墓室前后两部分分隔明显。听政的朝堂在前，居住的寝宫在后。这是依照其生前僭制的宫廷布局而设的。

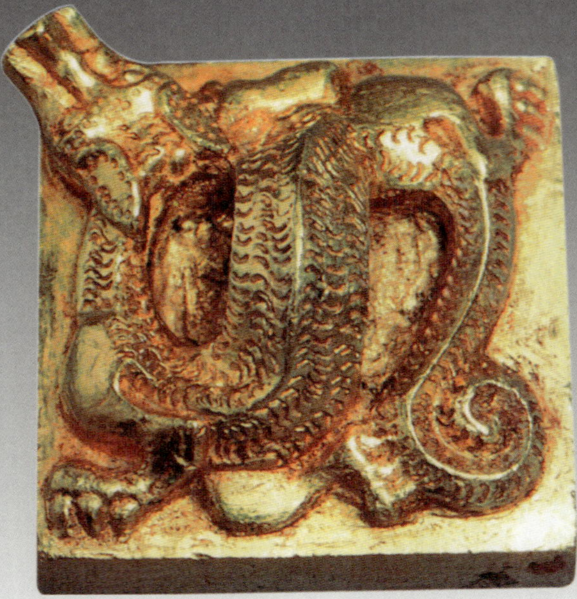

3 古印传奇

058 二十三枚玺印不寻常

060 三枚金印有文章

069 玉印中的玄妙

072 妻妾难辨右夫人

二十三枚玺印不寻常

印玺的发现对墓葬的考古具有不同寻常的意义。它为确定墓主身份提供了重要证据和线索,也为考证墓葬年代提供了有力的证据。本墓出土玺印共23枚,材质有金、铜、玉、水晶、玛瑙、绿松石和象牙共7种,其中刻有印文的有11枚,着实令人惊喜。从这批玺印的拥有者来看,当时王室等级森严。拥有玺印最多的是墓主人,他贴身随葬玺印9枚,分别装在3个小漆盒内(漆盒已朽,尚见漆皮与朽木痕),置于丝缕玉衣上面,由上胸到腹间呈纵列:第一盒有"文帝行玺"金印和2枚无字的玉印;第二盒有"泰子"金印、"泰子"玉印和无字的玉印各1枚;第三盒有"赵眜"玉印、"帝印"玉印和无字的绿松石印各1枚。三盒玺印排列的次序颇有意思:第一盒内的"文帝行玺"表明墓主的皇帝身份;第二盒的2枚"泰子"印,显示墓主与一主赵佗的祖孙继承关系;第三盒的"帝印"与名章"赵眜"印共存,表明是供内廷行使的用印。加上西耳室中的玛瑙印、水晶印和绿松石印各1枚,墓主人实际拥有玺印共12枚。东侧室的右夫人拥有"右夫人玺"金印1枚、"赵蓝"象牙印1枚和无字的玉印3枚,合共5枚。另外,她还有2串组合华丽、雕镂精美的组玉佩饰。在本墓的15个殉人中,她的身份地位仅次于墓主人。至于左夫人、泰夫人、□夫人亦各有1枚鎏金的铜印随葬,印材虽为铜质,但鎏

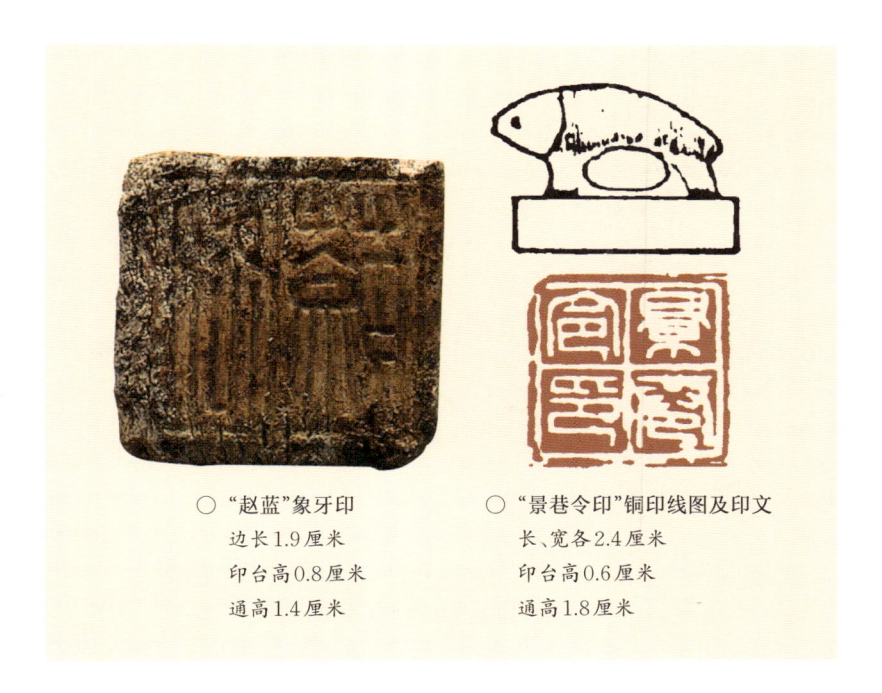

○ "赵蓝"象牙印
边长1.9厘米
印台高0.8厘米
通高1.4厘米

○ "景巷令印"铜印线图及印文
长、宽各2.4厘米
印台高0.6厘米
通高1.8厘米

金,其金光锃亮的表象是视同黄金印的。

玺印中有1枚"景巷令印",为我们了解南越王国的建制提供了实物佐证。西汉王朝的内廷有"永巷","永巷"即俗称的"冷宫",犯了罪的姬妾宫女都要被罚入"永巷"监禁,而"永巷"的监理官员"令"则由太监担任。古代"景""永"同音,可能是南越国避"永"字的讳,而称"景巷令"。南越王宫御苑出土木简的简文也证实有"景巷令"的官衔。可见这位殉人是管理南越王国后宫"景巷"的一位宦者,他身旁置车,也许还要兼任驭者,为墓主驾车。

还有1枚玉印,为西侧室的第7殉人所有,她除了有组玉佩饰、铜镜、铜熏炉之外，还拥有铜框玉卮随葬。史载，未央宫成，置酒前殿，汉高祖刘邦奉玉卮，起为太上皇寿。可见在汉代，玉卮是最高级的饮酒杯具。这个殉人生前必定是深得墓主人喜爱而赏赐丰厚。西侧室的第9殉人也有1枚铜印，还拥有铜镜、铜带钩、铜熏炉等随葬物品。第7、第9这两个殉人与西侧室其他5个殉人的身份，虽然同属王室的隶役，但地位会比她们高出一等。

三枚金印有文章

留传至今的中国古代玺印实物，以铜印最多，金印最少。金印之所以稀缺，一来金是贵金属，而更重要的原因是古代封建社会对使用金印有严格的规定。《汉书·百官公卿表》载："诸侯王、高帝初置，金玺盭绶。"两汉时可以使用金印的，只限于皇太子、诸侯王、列侯、关内侯、贵人、三公、丞相、大将军、车骑将军、卫将军、前后左右将军这些贵戚高官，以及少数民族的高级首领，如匈奴单于。据汉卫宏《汉旧仪》所说："秦以前，民皆配绶，以金、银、玉、铜、犀、象为方寸玺，各服所好。"看来，战国时已有黄金印了，但考古发掘未见有出土，传世的亦极稀有。香港承训堂藏有"长郜君玺"金印一枚，经鉴定是战国秦的官印，为现时得知年代最早的金印。秦朝的国祚只有15年，未见有秦的金印。而目前已知的西汉金印有11枚，除了本墓出土的3枚之外，其余的有"宛朐侯埶"

○ "长舍君玺"印
长1.9厘米
宽1.9厘米
通高1.5厘米
重量57.1克

○ "宛朐侯埶"印
长2.3厘米
宽2.3厘米
通高2.1厘米
重量127克

○ "石洛侯印"印
长2.3厘米
宽2.3厘米
通高2厘米
重量84克

○ "滇王之印"印
长2.4厘米
宽2.4厘米
通高2厘米
重量90克

○ "闽都君印"印
长1.3厘米
宽0.9厘米
重量103克

○ "如心"印
尺寸不详

印（1994年徐州刘埶墓出土）、"石洛侯印"（清嘉庆年间山东日照出土）、"诸国侯印"（1977年山东即墨出土）、"富寿侯印"（1984年河南华西出土）、"滇王之印"（1956年云南晋宁石寨山6号墓出土）、"闽都君印"（1976年湖南长沙复兴路出土）、"如心"印（广西贺县出土）和"王精"印（1983年西安沙坡出土）。其中"宛朐侯埶"印是年代最早的西汉金印。据《汉书·楚元王传》《景帝纪》记载，这是景帝即位时（前156年）封给楚元王刘交之子、汉高祖的侄儿刘埶的。景帝三年，刘埶因参与吴楚七国叛乱，被诛杀。该印文将官爵与私名连署，断非实用官印，系殉葬的冥器。"石洛侯印"和"滇王之印"同属西汉中期的汉武帝年间，而诸国侯和富寿侯不见于史籍记载，可补载史籍的缺佚。西汉的黄金私印稀少，"闽都君印""如心"和"王精"这3枚私印，比黄金的官印更为难得。

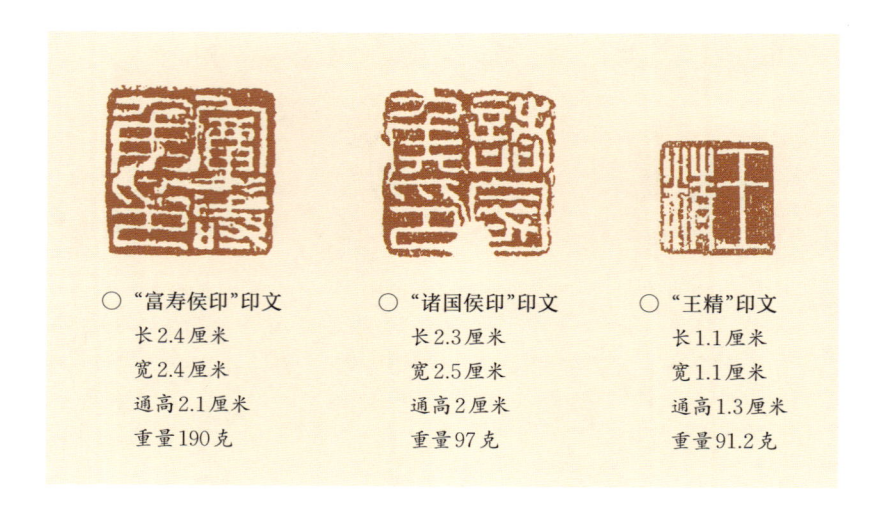

○ "富寿侯印"印文
长2.4厘米
宽2.4厘米
通高2.1厘米
重量190克

○ "诸国侯印"印文
长2.3厘米
宽2.5厘米
通高2厘米
重量97克

○ "王精"印文
长1.1厘米
宽1.1厘米
通高1.3厘米
重量91.2克

在中国封建社会，皇帝是国家最高权力的代表，皇帝玺印则是最高权力的象征，谁拥有皇帝的玺印谁就执掌国家的权力，成为最高统治者。

中国皇帝的印称玺是从秦始皇开始的。秦始皇将玉玺作为传国玺，希望能传之万世，但是只传到三世，子婴就捧着传国玺向刘邦请降。刘邦得玺，把它佩在身上，也作为传国玺。据《汉书》记载，这枚传国玺到王莽时还存在，以后就下落不明了。

南越王墓出土的三枚金印，分别是"文帝行玺"印、"泰子"印和"右夫人玺"印，为我们明确了墓主的身份和地位。

南越国一世赵佗、二世赵眜仿效秦汉天子至尊制度，僭号称帝，而且还自铸帝玺。但从"文帝行玺"金印看出，南越赵氏政权并没有完全仿效秦汉的传国玺制度用玉制印。该印由黄金铸成，印台和印钮一起铸成后再经过精心加工凿刻而成，印面方形，有田字界格，小篆阴文"文帝行玺"四字。印钮为一游龙，铸出，弯曲成"S"形，盘踞在印台上：龙首高昂伸向印台的一角，吻部为方形，大鼻梁，两眼圆突，有一对大耳朵，神气活现；龙尾向内卷曲与龙首成对角；四足做疾走腾飞之势，每足有三个利爪。虽然在地下已埋藏了2000多年，仍不失其灿烂夺目的光彩，凛然有生气。龙腰高高隆起，下面形成一个穿孔，可穿系印绶。龙身两边有几处磨得特别光亮，用手一比画，发现那正是捏印的手指接触的部位。再结合印台侧边有划伤痕、印文凹槽内和印台侧还遗有朱红色的印泥痕迹等分析，这枚金印应是南越国的一枚实用玺印，而非传国的国玺，因为

○ "文帝行玺"金印出土现场

○ "文帝行玺"金印
印台长3.1厘米　以龙为钮
宽3厘米　　连钮总高为1.8厘米
高6厘米　　重148.5克

国玺印文不应有"文帝"二字。

"文帝行玺"用金，龙钮。龙，是东方人想象中的灵物，与麟、凤、龟合称为"四灵"。古人认为龙能兴云降雨，《易》曰"云从龙"，又曰"飞龙在天"。龙被视为君主或帝王的象征，如"祖龙"指秦始皇。南越王的金玺以龙为钮，把皇帝象征与代表最高权力的帝玺结合起来，这是南越国的创举。这使人联想起赵佗对汉高祖派来的使者陆贾说："吾不起中国，故王此。使我居中国，何渠不若汉！"从这枚金印也可看出南越开国之君的自负、自信。

秦汉的皇帝玺究竟有几枚？从考古发现结合文献记载得知，有一玺、三玺和六玺三种说法。一玺说，从《史记》和《汉书》的记载来看，秦始皇帝仅有一玺。汉高祖即皇帝位之后，把秦始皇的传国玺拿来自佩，其后成了西汉朝的传国玺。象岗南越王墓的发掘亦可说明，南越王僭称皇帝，也只是一玺。至于三玺说，见《汉书·霍光传》载：汉昭帝死，昌邑王刘贺"受皇帝信玺、行玺大行前"。颜师古注引孟康曰："汉初有三玺，天子之玺自佩，行玺、信玺在符节台。"而六玺说最早见于东汉卫宏的《汉旧仪》："皇帝六玺，皆白玉螭虎钮，文曰：皇帝行玺、皇帝之玺、皇帝信玺、天子行玺、天子之玺、天子信玺，凡六玺。"现在来看，"汉初有三玺"之说可信，既有传世"皇帝信玺"的封泥可证（见清人辑《封泥考略》，实物现藏日本东京博物馆），又有1983年湖北江陵张家山247号汉墓（西汉初吕后年间）出土简书《二年律令》的"贼律"证实。上面写道："伪写皇帝信玺、皇帝行玺，要（腰）斩以匀（徇）"，本墓所出

"文帝行玺"更可为佐证。至于卫宏所称的皇帝六玺说，其中的天子三玺，未见于秦汉文献记载，考古发掘与传世的实物中都未有任何实例可证。也许是卫宏以为既有"皇帝"的三玺，也应有"天子"的三玺而推理得来。因为在秦汉时对皇帝的玺印有时称皇帝玺，有时又称天子玺，如《史记·秦始皇本纪》："子婴……奉天子玺符，降轵道旁。"但在《史记·高祖本纪》中则为："奉皇帝玺符节，降轵道旁。"所以，文献中称皇帝或称天子同是二而一的通称。

既然"汉初有三玺"，而南越王墓已出有"文帝行玺"金印，是否还有"文帝信玺""文帝之玺"尚未发现？探讨这个问题就要先弄清南越王国的政治建制是否完全仿效（照搬）汉廷的问题。南越一主自称武帝（初称"武王"），二主自称文帝，这已经有异于汉制了；南越三主"婴齐嗣立，即藏其先武帝、文帝玺"，表明南越一主和二主生前只有一玺。但为什么墓主身上随葬的9枚玺印中没有"武帝"玺？看来，婴齐在操办其父的丧事时，只是把赵眜生前所用的玺印瘗藏，赵佗的武帝玺（因非赵眜所用）则另行收藏。如果南越一主和二主都仿效汉制的皇帝三玺，则赵眜下葬时婴齐不把其父的三玺俱葬，只放入其中的一玺，于理欠通。

"文帝行玺"金印的出土，为我们验明墓主身份与墓葬的年代提供了确切的物证。据班固的《汉书》记载，南越国王二主赵眜死后，其子婴齐继位，慑于汉中央的国力强盛，婴齐首先废除帝号，并把其祖先自铸自用的帝玺藏起来。这枚金印就是他在操办其父的丧事时装入棺材的。

据研究，赵佗高寿过百岁，《史记》《汉书》中的南越（粤）传未提及赵佗之子的事，大概因赵佗长寿，其子还未来得及继位就死了。墓主赵眜只是赵佗的孙子，而且是次孙。

赵眜在位16年，继位时只有20多岁，与其祖父年龄相差近80岁。根据《史记·南越传》载，汉文帝元年（前179年），朝廷派遣陆贾第二次出使南越，南越王赵佗接见陆贾时，对陆贾说："老夫处越49年，于今抱孙焉。"这里的49年应为39年，因为由汉文帝元年上推49年，正是秦王政开始统一六国灭韩之年，还有6年才统一六国。但由汉文帝元年上推39年，即秦始皇三十年，正与《史记·主父偃传》中秦始皇二十八年"使尉屠睢将楼船之士，南攻百越……秦兵大败……乃使尉佗将卒以戍越"的赵佗入越之年相吻合。古时的卌与卅很容易误认或误笔。而"于今抱孙焉"的这个孙子今假定是赵佗的长孙，再假定这个长孙就是这年出生的，至赵佗去世之日，即汉武帝建元四年（前137年），尚有整42年之久；再加上南越第二代王赵眜在位有16年，死时起码是58岁了。可是，根据玉衣内发现的墓主遗骸鉴定，墓主是位中年男性，死亡时年龄40—45岁，因而断定此墓的主人不可能是赵佗的长孙，只能是赵佗的次孙。

还有两枚"泰子"印的问题。赵眜与赵佗既是祖孙关系，一般来说就不是太子了，所以出土的"泰子"金印与"泰子"玉印就只能是赵眜父亲的遗物，第三代王婴齐将这两印随同"文帝行玺"金印一起给其父随葬了。但还不能排除有两种可能：一是赵佗立孙（赵眜）为太子，这是古有先例的。如《史记·秦本纪》载："秦文

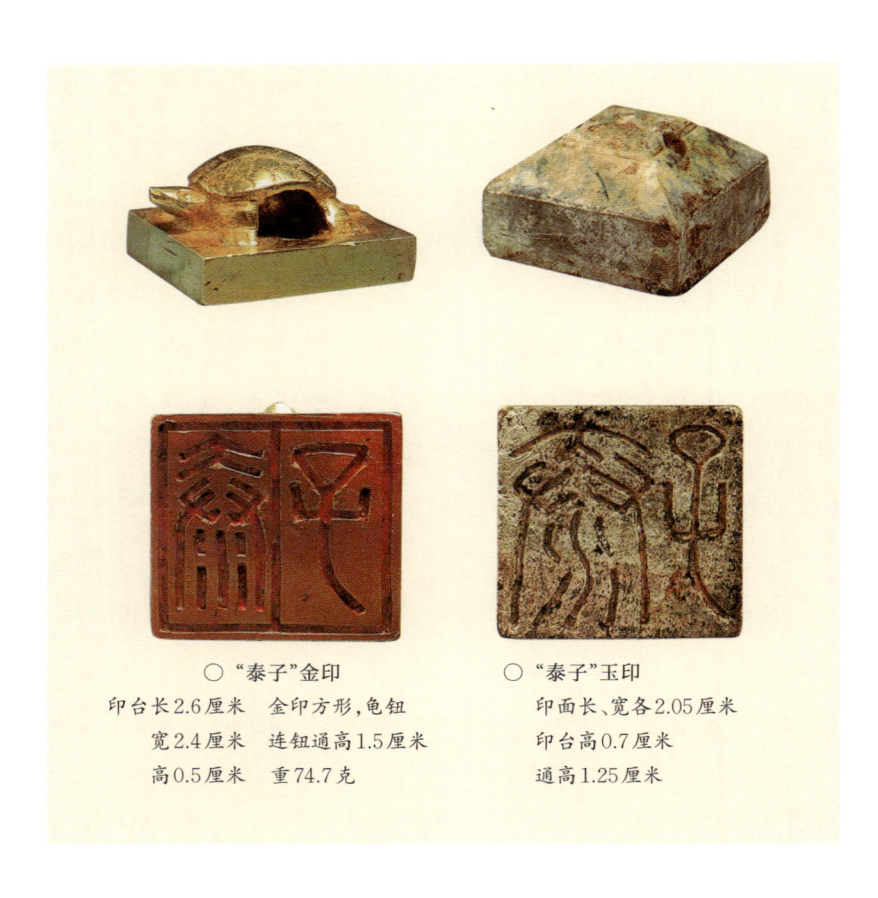

○"泰子"金印　　　　　　　　○"泰子"玉印
印台长2.6厘米　金印方形,龟钮　　印面长、宽各2.05厘米
宽2.4厘米　连钮通高1.5厘米　　　印台高0.7厘米
高0.5厘米　重74.7克　　　　　　 通高1.25厘米

公四十八年（前718年）太子卒，立长孙为太子……"二是"泰子"金印是赵眛之父当太子时的遗物，故其四周有边栏，正中有一条竖界。而"泰子"玉印无隔界，有可能是赵眛被其祖父立为太子时自刻的印信，因为其与武帝时印章的印文布局（如"滇王之印"的金印）相一致，却与同出的另10枚有文字的玺印一样都有田字格或竖界有别。

玉印中的玄妙

　　墓主身上发现的玉印有两枚有印文。其中有一枚黄白中透青色的玉印，印面阴刻篆文"赵眜"二字，凿刻精工，布白匀称，印文内留有朱红色印泥。另外在西耳室出有"眜"字封泥，其中的一枚钤四个"眜"字，印文清晰。有此封泥，可证"赵眜"玉印确实是墓主的名章。但是，在《史记》和《汉书》的本传中，第二代王是赵胡，而未见有"赵眜"的名字，这是怎么回事呢？有学者认为，这是一人二名。"胡"是汉语名，"眜"是越语名，与战国时的吴公子光又叫阖闾是同样的道理。

　　另一枚"帝印"玉印与"赵眜"玉印同出，印面阴刻篆文，印文的沟槽内还粘有朱红色印泥。印台方形，螭虎钮。印台的四面阴刻勾连雷纹，钮上的螭虎周围刻云纹相绕，腹下有穿孔，可系绶带。还有两枚"帝印"封泥，出西耳室中，封泥的"帝"字结体与这枚玉印的"帝"字不同，可知墓主生前钤印的"帝印"最少也有两枚。

　　在玺印的称呼方面，秦朝以前，民无尊卑，都可以称玺。秦始皇统一六国后，规定只有天子称玺，臣下称印。《史记·汉武本纪》载汉武帝时开始有印章之称。

　　南越王墓所出的"文帝行玺""右夫人玺"两枚金印都称玺，其他三位夫人的鎏金铜印、"景巷令印"都称印，唯独这枚"帝印"既

○ "赵眜"玉印
长、宽各2.3厘米
通高1.7厘米

○ "眜"字封泥2枚
直径1.1厘米

○ "帝印"玉印
　　印面长、宽各2.3厘米
　　印台高0.8厘米
　　通高1.8厘米

○ "帝印"封泥
　　印面长、宽各1.8厘米

为"帝",不称"玺"而称"印",确实有点不按常规办事的意味。

妻妾难辨右夫人

墓内的东侧室可以说是墓主赵眜在地下的"后宫",从随葬的4枚印章得知这里殉葬着他的4位夫人。右夫人的印为金质,称"玺",即"右夫人玺"。其他3位夫人的印为铜质鎏金,都称"印",可见在4位夫人中,右夫人的地位应该是最高的。那么,右夫人是否就是赵眜的王后呢?

按照汉朝的制度,帝王的正室称王后,"夫人"是妃妾的通称。虽然汉代以右为尊,但汉宫中没有"右夫人""左夫人"的称呼,而是以姓来称呼的,如汉高祖的戚夫人、汉武帝的李夫人等,她们都是帝王的宠妾。同时,汉朝的制度也规定帝王和王后死后"同茔异穴",即两座墓相距很近,在同一座坟山之下。如位于河北满城陵山主峰东坡的刘胜墓与窦绾墓,就属夫妇同坟异穴合葬。徐州的龟山汉墓、河南永城的梁王墓均属这种情况。南越王赵佗及其子孙的原籍在今河北省正定县,是汉人,按理,他应遵行汉制,但是汉制没有让王后陪葬的。这么说来,右夫人似乎不应是王后。但是在南越王赵佗治越时期,提倡"和辑百越",实行"汉越通婚"的政策,婴齐为公子时即娶越女为妻。虽然目前还没有资料可以证实,越人是否以右为尊,称王后为"右夫人",但从当时我国北方的少数民族乌孙族来看，其部落首领的正室就称为"右夫人"，次一级的妾称为"左夫人"。从南越王墓出土的"右夫人玺"及其随葬品的规格来看，这位右夫人未必不可以为王后。西汉帝陵虽夫妇同坟异穴，不以王后为殉，但在南越王墓附近，并未发现有王后墓。

　　总之，右夫人的身份地位问题，关系到南越国时期的丧葬、后

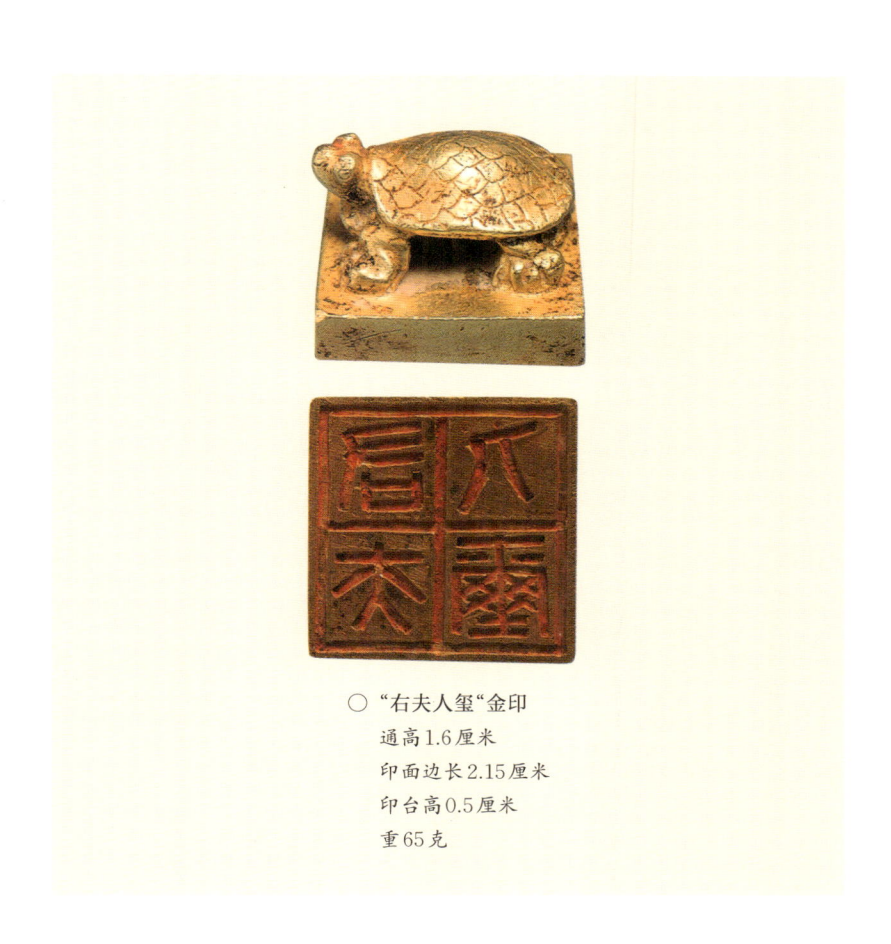

○ "右夫人玺"金印
通高1.6厘米
印面边长2.15厘米
印台高0.5厘米
重65克

宫制度和当时的风俗习惯，而不仅仅是妻妾之分。因此，有待进一步的研究和探讨。

本墓出土的23枚玺印，有12枚的印面未见有印文，或许原来是用朱或墨书写而未刻，因长时期深埋地下而脱失了。有印文的11枚中，除了"赵眜""赵蓝"的两枚属名章外，其余的9枚全是官印而非冥器。用官印随葬，这是南越王室的特殊之处。在广州市区近郊的范围，目前已发现了几百座南越国时期的臣民墓，在一些大墓或中型的墓中，偶有墓主的名章出土，或名章与"臣"某的印章同出，但不见有官印出土，连属于冥器的官印也未发现过。

汉代已禁止人殉，有的诸侯王因犯禁而被除国。本墓发现15个殉人的情况，颇令人惊异。而广西贵县（今称贵港）罗泊湾（当年属于桂林郡治，称布山）发现两座大墓亦有殉人，1号墓有殉人7具，2号墓有殉人1具。这表明南越国的统治者仍用人殉。这种自商周以来的人殉恶习在岭南的延续或与赵氏南越国因秦之旧有关。秦在春秋中期才开始见有人殉的记载，其后越来越甚，到秦始皇死达到顶峰。始皇帝死，"葬于骊山之阿……多杀宫人，生埋工匠，计以万数"（《汉书·楚元王传》）。赵佗原为秦将，立国后的政治建制因秦之旧，后来虽然接受汉廷册封，但不用汉法。秦在岭南的统治只有8年，而南越国在岭南的93年统治，可以视为秦对岭南统治的延续，因而南越的人殉也可视为秦国人殉在岭南的延续。

○ 左夫人印
　印面边长2.4厘米
　印台高0.6厘米
　通高1.7厘米

○ 泰夫人印
　印面边长2.5厘米
　印台高0.6厘米
　通高1.7厘米

○ □夫人印
　印面边长2.5厘米
　印台高0.7厘米
　通高1.8厘米

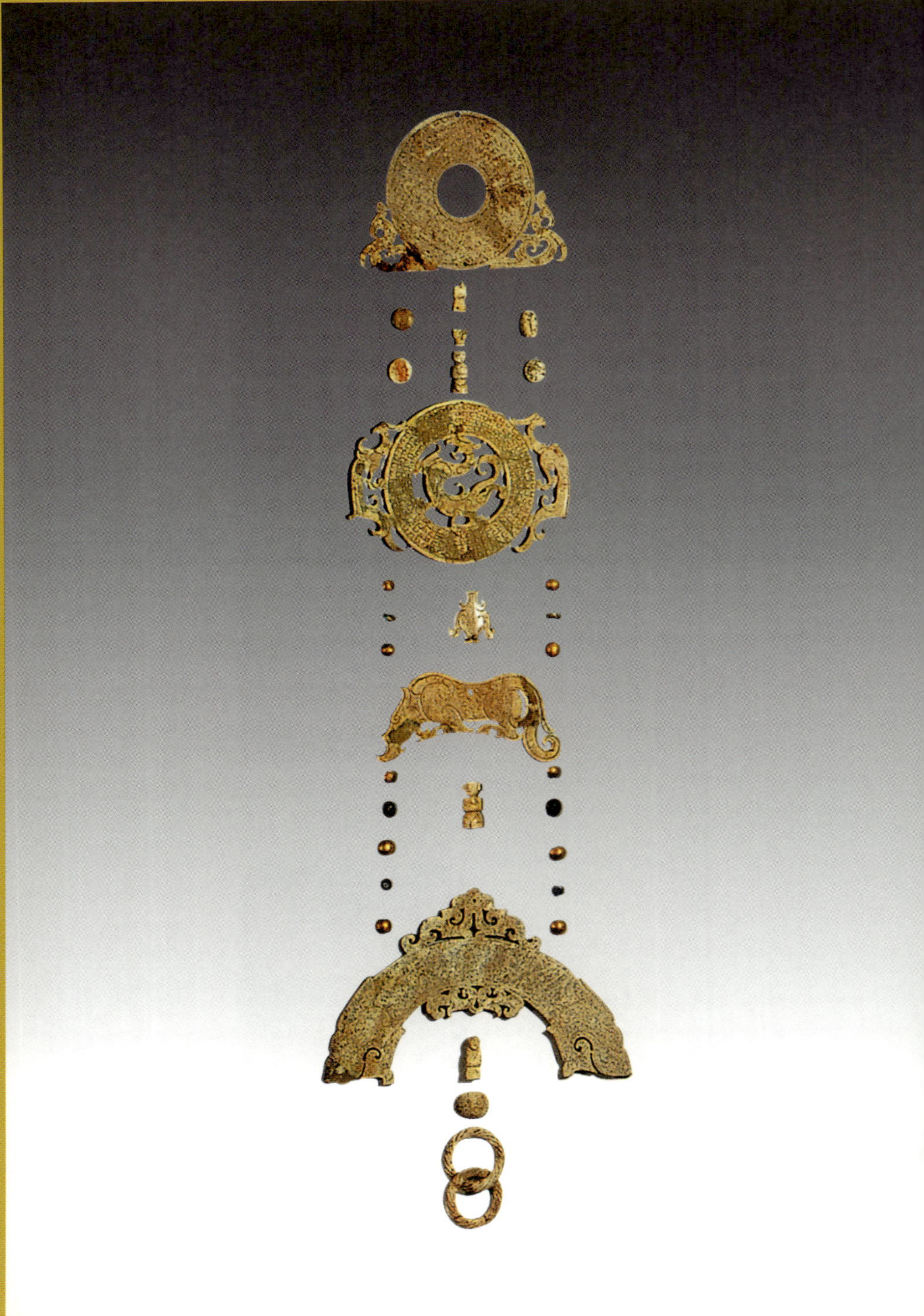

4 汉玉大观

078 礼玉和"玉殓葬"

084 奇怪的玉衣

092 精美绝伦的玉佩饰

107 世上难寻的器用玉

本墓出土玉器多达200余件，数量大，品类多，其中以71块玉璧、11套组玉佩、58件玉具剑饰和多件玉制容器与用器尤为精彩。墓主身着丝缕玉衣，同时有大量玉器殓葬，这在汉代考古发现中实属罕见。

玉，在中国的传统文化中被视为仁、义、礼、智、信"五德"的体现，所以古人多用玉制作礼器和饰物。"君子无故，玉不去身。"从奴隶主到封建统治者，他们生前佩玉，死后还以玉随葬。这种礼习，文献有记载，考古发掘亦屡有发现。

这批玉器从器形以及出土的层位情况来看，大致可以划分为礼玉、葬玉、佩饰玉和器用玉四类。当然，在每类中的某种器形，也会有多种不同的使用功能。

礼玉和"玉殓葬"

礼玉是祭祀天地、神灵，祭拜祖先，或天子赏赐给诸侯，臣民奉献给皇上，或作为礼品互赠的一些特殊玉器。在先秦时期，作为礼仪玉器的主要有璧、琮、圭、璋、琥、璜等六种，亦称"六瑞""六器"。到了汉代，就只剩下璧继续用于礼仪，琮、圭、璋、琥、璜已少见了。

墓中出土71块玉璧。这些玉璧按其纹饰、造型不同，可以分为五种类型：璧面纹饰两区、璧面纹饰三区、涡纹玉璧、三龙重环玉璧和双连璧。

古代的玉璧价值连城，如春秋战国时期的和氏璧。到汉代，玉璧仍是高级贵族们互相馈赠和皇帝赐葬的最高贵礼品。历史上有名的鸿门宴故事中说，刘邦脱险逃离项营后，张良向项羽献上白璧一双。南越国第一代王赵佗回赠汉文帝的礼品中，第一项即是"白璧一双"。可见玉璧在当时仍为最高档次的礼品。赵眜棺椁的"头箱"内有大璧7块，"足箱"中有玉璧2块，西耳室也出土有6块玉璧，这些都是为墓主人置备的礼仪用物。

就目前所见，我国从春秋、战国到秦汉时期的玉璧，璧面的雕饰以内、外两区不同的纹饰组合为主要特征，而璧面分三区纹饰的从考古资料中仅见出土于山东鲁城的3块。新中国成立后，历几十年考古新发现，这次有幸在南越王墓出土了两面都雕饰三区纹饰的玉璧，且共有5块之多，实属珍罕。

葬玉是指专门为保存尸体而制造的随葬玉器，如玉衣、玉握、玉九窍塞等。南越王墓中的丝缕玉衣、玉觿、玉鼻塞和部分玉璧就属于葬玉一类。

南越王赵眜的玉握是一对不同造型的龙形玉觿。因其末端呈尖状，《说文》称"觿，佩角锐端可以解结"。其尖端正是用于解结的工具。古时人们束发后戴冠（帽子），冠的两侧各连着一根垂缨（带

○ 涡纹玉璧
璧面纹饰刻蒲纹或涡纹
外径15.8厘米
内径4.2厘米

○ 三龙重环玉璧
璧面的内部镂空一圈
当中浮雕三龙头相连
如内外套环形状
外径9.6厘米
内径4.4厘米

○ 双连璧
由两个璧面并联而成
通长12.4厘米
通高7.6厘米
璧径6.2厘米
内径2厘米

○ 玉璧
  璧面纹饰三区
  内、外区刻龙纹，中区为蒲格谷纹或涡纹
  外径28.1厘米
  内径6.2厘米

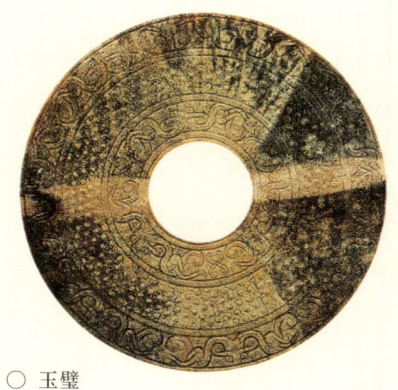

○ 玉璧
  璧面纹饰三区
  内、外缘的两区刻龙(或凤)，中区为蒲格涡纹或谷纹
  外径33.4厘米
  内径9厘米

子），用来在颔下打结，把冠固定下来，叫结缨。这个结缨不是随便打个结了事，要求结的两端都留出一定长度，垂下来，显得美观，叫缨饰。古人穿的衣裳宽袍大袖，不像今天人们的衣服有纽扣，穿脱方便。衣裳穿上之后，要用缝在衣上的纷（带子）打个结把衣襟束紧。《说文》："纷（衿），衣系也。"古时，到了天寒时节要穿多层衣裳，那要打的结就更多，还有穿裤子、穿鞋也要结带子，所以古人的腰旁是离不开佩觿的。但在考古发掘中发现的玉觿也有作为佩饰的，如在东侧室□夫人的组玉佩中，就有一对双面镂空的龙形玉觿。

古人有一种葬习，即人死入葬时，死者两手不能空空的，一定要握住一点东西。那么，一般握的是什么呢？考古发掘发现，河南省洛阳市中州路的一些东周墓的骨架手部或腹部常有两片石条，成双成对；湖北省江陵一号楚墓死者双手中握的是一件卷成长条状的绢团；河北省满城汉墓中山靖王刘胜及其妻窦绾两手握玉璜；江苏省邗江姚庄101号西汉墓男棺内出土两件木握，一为短棒形，一为橄榄形；山东省巨野红土山西汉墓中，昌邑王刘髆握的是一对白玉豚；湖南省长沙马王堆一号西汉墓中轪侯妻手中握香囊……从上述看来，握的东西并没有定制。

古代丧礼将珠、玉、贝、米之类的东西放入死者的口中，称饭琀，认为是一种可防止尸体腐朽的措施。据考古所见，商代的墓葬中常见死者口含贝，春秋时期的墓葬中死者口含玉石，战国及汉代墓中的死者口含玉蝉。在南越王赵眜遗骸的口腔内部，发现了一团珍珠，珠团外粘有丝绢残痕，表明赵眜死后是按天子的葬制"含珠

○ 赵眜手握的玉觿
(上)直径7.2厘米
(下)长9.5厘米

如礼"的。古文献《公羊传·文公五年》中记载着春秋时期的葬制，称天子死后口含珠，诸侯以玉，大夫以璧，士以贝。《后汉书·礼仪志下》和《汉旧仪》等书也有类似的记载。南越王用珍珠团塞口，和他生前僭号称帝是相符的。汉代高级贵族还有特制的一种玉九窍塞，用来填塞死者的眼、耳、鼻、口、肛门、生殖器等九个窍孔，以防止精气外泄。南越王的遗骸中没有见到这些东西，倒是在西侧室殉人的骨堆中发现了一粒玉鼻塞，原来可能还有一颗，配成一对，但另一颗并未见到。

奇怪的玉衣

古人认为玉可以防腐，用玉衣作殓服，则尸体可以不朽。

玉衣的雏形可追溯到西周时期。1990年，河南省三门峡市虢国墓地发掘出土一套完整的玉面罩，由印堂、眉、目、鼻、嘴、下颏、腮及髭须等14片大小不同、形态各异的玉片组成，每件玉片均有一至两个明孔或暗孔，以缝缀织物，再覆盖在死者面部，古书称之为"幎目"。春秋战国时期的墓葬也有类似的发现。到西汉初年，山东的刘疵墓发现过一件不完整的金缕玉衣，只有头罩、一双手套和一双鞋。而河北满城的刘胜、窦绾墓所出的则是完整的两套金缕玉衣。据不完全统计，目前在中国出土的汉代玉衣已有40多件，有金缕、银缕和铜缕三种。

玉衣，汉代文献中称为"玉匣"或"玉柙"，为封建统治阶级中最高层人物专用的殓服，一般由朝廷"主作陵内器物"的少府东园匠制作。不同的玉衣就成为不同等级的主人所享用的葬服。

　　据《后汉书·礼仪志下》记载，皇帝死后，用金缕玉衣；诸侯王、第一代列侯、贵人、公主死后用银缕玉衣；大贵人、长公主用铜缕玉衣。而受到皇帝恩宠的大臣、外戚往往也会被赐以玉衣作为葬服，以示恩典。

　　南越国王是汉朝中央正式承认的异姓诸侯王，按等级，赵眜的玉衣应是银缕玉衣或金缕玉衣，但汉与越的政治关系一直都是表里、名实不一的，所以赵眜既不会请求，而朝廷也未必会赐予，只能是南越国自行制作了。但为什么不用金缕而用丝缕？这可能与当时南越王国的丝织手工业发达有关。

　　本墓由于未受盗扰，保存完好，墓主人赵眜的"玉殓葬"颇为典型。这套丝缕玉衣已塌下压至扁平，但玉衣的各部分仍基本可认。在玉衣前头平置3件精美的佩玉：正中的为铺首衔璧，右侧为虎头金钩玉龙，左侧为透雕龙凤牌饰。双鞋之下踏着一件双连璧。玉衣的面罩上两边分置一璧一环，上面覆盖一块丝绢的"幎目"，缝缀8块杏形金饰片。在胸腹位置处，叠压着4层精美的饰物与器用：第一层是9枚玺印，分装在3个漆盒内；第二层是一串组玉佩饰，由32件珠、玉等组成；第三层是组玉璧，由6块大璧和4块小璧组成；第四层是珠襦。《汉旧仪》说："珠襦以珠为襦，如铠状，连缝之，以黄金为缕。"此外，还有4件鲽形玉饰，分出于头套旁边和组玉璧之

○ 杏形金饰片
  高 4.6—4.7 厘米
  宽 4.3—4.4 厘米
  重 2.22—3.03 克

下。玉衣背后从头套至腿间还垫有5块大玉璧，纵列成行，玉璧朝下的一面粘有红色的棺漆残片，表明入殓前首先在棺内底部铺垫了5块大璧，然后才把包裹着尸体的玉衣装殓入棺的。

揭去上面的玉衣片露出墓主的遗骸。遗骸上还排列有14块玉璧，其中2块分别夹于耳间，其余的12块，分3列排列，每列4璧，正中一列由胸以下，第四块最小，是透雕的双环三龙璧，压在阴部位置；左右两行的4璧分列于两肋之间。有个很重要的现象是，在这14块贴身的玉璧和玉衣片朝里的一面，都不见黏附有墓主人身穿衣物的遗痕，这表明赵眜遗体入殓时是裸身穿着玉衣的。让尸体与玉衣片和贴身的玉璧得以直接接触，这样才与当时认为玉可以防止尸体腐烂的观念相符。

玉衣两侧分置钢剑10把，左右各5把，其中半数为玉具剑。正是这些层层附加在玉衣上的各种饰物，给玉衣的清理工作增加了很多困难。

因为玉衣片已散乱，不可能在现场逐件起取。根据夏鼐先生的整取提议，要保证玉衣出土现状的完整，以便将来复原工作的进行。考古人员采取了"竹签插取套装法"的整取方案，简单地说，就是先将玉衣四周清理干净，在玉衣片上贴附多层整张的绵纸，浇上薄层石膏；待固定后，用削得又长又薄的竹签沿着玉衣两侧，紧贴地面做对向式依次插入；在密排的竹签下面打入薄木板，将一根根容易散开的竹签托住，木板下再加插有强度的金属板，以加强承受力；然后套入预制的木箱框架，这时倒像一具未加盖的棺木，在里面再

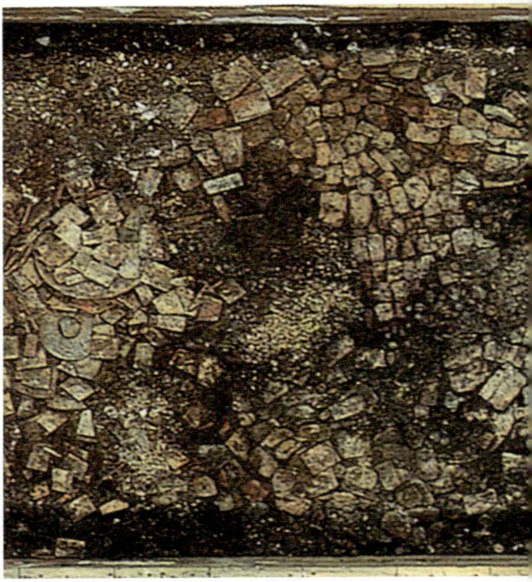

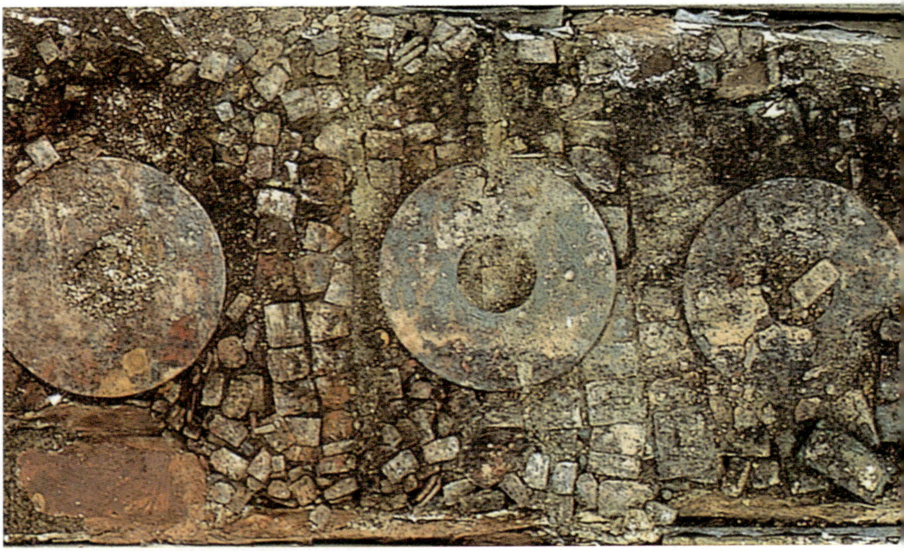

○ 玉衣正面和底部出土情形

浇上一层石膏，把空隙填实，再以木屑填满，才钉上盖板。这一面的工序完成了，然后在金属薄板下加插几条托底的木枋条，这时，贴地的玉衣已经完全脱离地面固定在木箱之内了。用铁丝把两边伸出的木枋条与上面的盖板缚紧，整个木箱就可翻转过来，成了底朝天。这时还要检查贴地的玉衣片是否已整取干净。底朝天之后，原先分次插入玉衣下的木枋条、金属薄板、薄木板、竹签等可以逐层卸去，露出玉衣的背面，稍作平整，铺上绵纸和薄膜，加封板盖。这样，整取的加固工序已完成，就可以平稳地运回室内，以备下一步在室内的清理复原。而此时的墓主人，经考古队员们这么一折腾，实际上是脸朝下趴在了木箱里，由4位队员抬出了墓室。考古队员诙谐地说："这是给老赵倒出殡了，以后还要给你'翻身'的。"

这件玉衣是由中国社会科学院考古研究所技术室的白荣金先生，

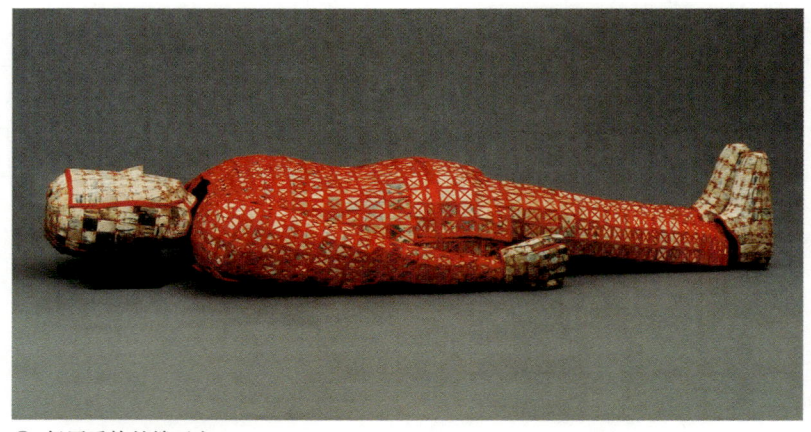

○ 复原后的丝缕玉衣
全长1.73米

费了三年时间才复原成功的。复原工作是一项极其烦琐细致的研究工作。当木箱打开,将为了整取而附加的绵纸、石膏薄膜、木屑等一一清除之后,面对散乱的玉衣片,先要观察再三,每一块玉片都容不得轻举妄动。稳妥的办法是,先用透明纸盖上,按原大原样描图,逐片编号,逐片用卡纸制作模型,依不同部位分层绘图、拍照、分层揭取。每张卡纸模型都标明编号、方向、坐标,以之代替原件,便于反复摆弄,设想出最为合理的复原方案。经过近1000个工作日的精心清理,反复组合验证,丝缕玉衣得以修整复原成功。

这件玉衣由2291件玉片组成,分头套、面罩、上身衣、两袖筒、两手套、两裤筒和两鞋共11个组合体。整衣的片形及其大小是依人体各部位的不同形状而设计的,以长方形、方形为主,还有一些呈梯形、三角形和五边形。头套、手套和鞋所用的玉片加工细致,厚薄均匀,两面光滑润泽,边角都有穿孔,以丝线穿缀,里面再用丝绢衬贴加固。躯干部位所用的玉片,多利用废旧玉器和边角料切成,故厚薄不一。表面用窄的朱丝带做对角粘贴,组成菱形网格状的地纹,四边再以宽带粘贴成纵横方格,各部位边缘处都以丝织物缝合包边,宛若一套精工细作的高级服装,十分引人注目。

赵眜大约死于元狩元年,即公元前122年,比中山靖王刘胜早死10年,所以这套丝缕玉衣是目前已发现的汉代玉衣中时代较早、在形制上又比较原始的一件。由于玉衣用丝缕,既不见于文献记载,考古发掘中也未见先例,可以说目前它是独一无二的,成为研究古代丧葬制度的一个新的实例。

在南越王墓，作为葬玉用的璧主要用于铺垫尸体。赵眜入殓时，在裹合玉衣之前，紧贴遗体铺盖14块玉璧，内棺底又纵铺5块大玉璧。铺垫这19块玉璧无疑就是希望尸体永远不朽，这在其他诸侯王的墓中也有出现。由此看来，由缀玉殓服发展成为完整的玉衣，又用玉璧在尸体上下做铺垫，这种加码式的"玉殓葬"在高层贵族中已成为流行的葬习。这种葬习从战国开始形成，到汉代发展到高峰，当时地处边陲的南越国贵族也不例外。

精美绝伦的玉佩饰

以玉石为佩饰，有单件的，也有两三件以至多件组合而成的组玉佩。本墓出土的单件佩饰以墓主人头部的4件最为精彩：

一是透雕龙凤纹重环玉佩。原是盖在墓主玉衣头部的面罩左边的，出土时滑落在一旁。其形似璧，双面透雕成内外两环。纹饰分为两区，内区为一透雕游龙，昂首挺胸，前后两爪都突出内圈环，伸入外区，前爪托承一只凤鸟，后爪的基部呈圆鼓形，特别夸张，显得壮健有力。外区的凤鸟婀娜多姿，伫立在游龙的前爪上，回眸与龙对视。凤首的高冠与凤尾的长羽上下延伸成卷云纹状，把外区的空间填满。这件佩饰运用了线刻和镂孔相结合的雕刻技法，使龙凤躯体的边缘分减，中部隐凸，显得遒劲有力，富于弹性，活灵活现，在平面中取得立体的效果。这是一件雕镂精细、布局新颖、构图完整的艺术佳作。

○ 透雕龙凤纹重环玉佩出土情形

○ 透雕龙凤纹重环玉佩
　　直径10.6厘米

○ 兽首衔璧
通长18.2厘米

二是兽首衔璧。由整玉雕成，主纹为透雕兽面（又称铺首），兽怒目横髭，鼻为方桥形，上琢花瓣纹，中有銎孔，衔璧。璧亦钻凿銎口与兽鼻套合，可上下转动。璧两面饰凸起的涡纹。兽首右侧透雕一立虎，独角，尖嘴竖耳，头朝下，尾卷曲；左侧光平，呈不对称的布局。出土时放置在墓主玉衣头罩的顶部。全器正面雕镂精工，背面则平素无纹，有可能是嵌在某种器件上的装饰物。

三是透雕龙凤纹牌形饰。全器由一块扁平玉料雕出，围绕一长方框，透雕云凤等纹样。长方框如牌，里面透雕一变形凤鸟，其下接一兽，原已断折不全，特制了两个金襻接合；其顶透雕一朵云头纹，右侧雕一凤，昂首挺立于璧上，凤尾长垂，末端回卷托璧；左

○ 接合的金襻

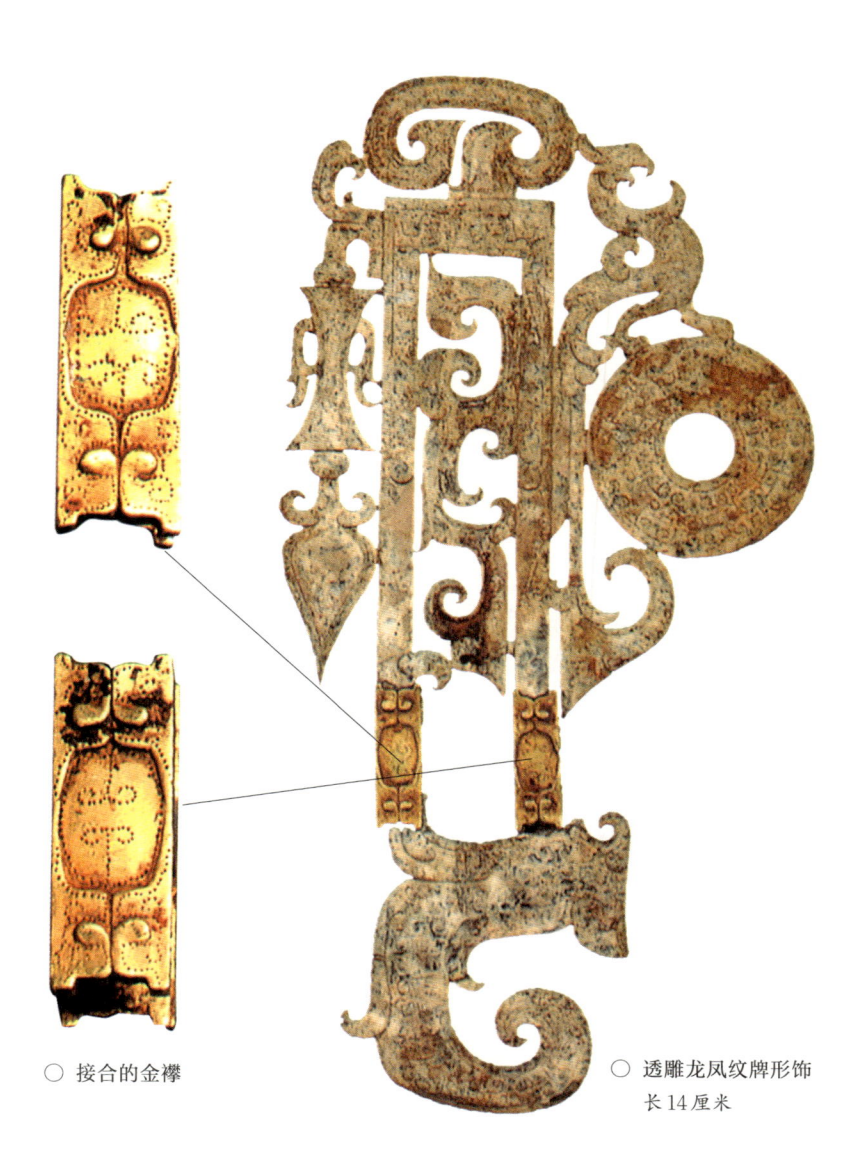

○ 透雕龙凤纹牌形饰
长14厘米

侧是一串璎珞，上有一变形小鸟，中间如一挡，两侧有流苏，下接倒悬的花蕾，通体各细部还点缀有精细的阴线。出于玉衣头罩的左边，青玉质，象牙黄色，受沁严重，大部分已失去了玉质的光泽，但其图形充满动感。全器布局疏密得宜，打破了传统的对称、均衡手法，令人耳目一新。

四是虎头金钩玉龙佩。出土于墓主头罩的右边，由一青玉镂雕的玉龙和一金质虎头带钩套合成。龙体扁平呈"S"形，弓身回首，张口衔鳍，两面饰凸起的涡纹。龙尾原已断折，断口两边各钻穿三小孔，可用线连缀。金带钩是铸造的，钩首钩尾均为虎头形，钩尾

○ 虎头金钩玉龙佩
通长14.4厘米

的大虎头额顶上凿刻一"王"字。虎口为一长方形套孔，出土时，玉龙尾部的下半截是套在虎口的銎孔中的，其断口的两边都已摩擦平滑，显然是断折之后专门设计了虎头金钩与之配套，这样一来又构成了一幅龙虎争斗的绝妙图形。金钩玉龙这种奇特的组合，在中国目前所见传世的和考古出土的器物中绝无仅有，反映了中国古代制玉工匠的高超技艺和非凡想象力。

组玉佩又称组配玉或玉饰组配，其前身可以追溯到远古时期。大约在旧石器时代晚期，山顶洞人就已经知道将兽牙、鱼骨穿缀起来作为耳饰、项饰。新石器时代，琢磨各种玉石、骨牙、蚌料，用来单个悬挂或多个编缀，以装饰头部、面部或衣身。殷商西周时期，玉在各种质料的配饰中占据显著地位，但此时的配玉，一般只是一两块璧、璜或象生玉，平板阴刻，色调比较简单。到了东周时，在"玉德"思想的支配下，组玉佩广泛流行，少则一璧一环，多则璧、环、璜、珑之外还配以玛瑙、水晶、鸡血石等多种不同质料的饰物。

据考古发现，至迟在春秋初期，组玉佩的组合已经非常繁杂。1990年在河南省三门峡市虢国墓中出土的组玉佩，出土时仍较完整地展现在墓主颈部而达于膝下，主体由7件从小到大依次递增的玉璜间以左右对称的双排玛瑙与琉璃串珠连缀而成，上部与半环形玉饰相接。战国早期的曾侯乙墓，墓中出土玉石等7种不同质料的饰物500余件，多数都在墓主身上，一般有穿孔，并且大多成组串缀。虽然迄今已出土不少汉代组玉佩饰，但是大多数被盗扰，无法组合复原，即使有的能组合，形式也较简单。但南越王墓出土的组玉佩却是个例外，因而有学者称之为"后战国"式的。

南越王墓共出土组玉佩11套，是已知的汉墓发掘中出土最多的。这些组玉佩主要在墓主和东侧室四位夫人身上发现，在西侧室、东耳室、前室中的殉人身上也有发现。出土时，串系的丝线已朽没，组绶也腐朽不存。根据出土位置，并参考以往复原的配玉图像，考古人员对这11套组玉佩进行了复原组合，发现其中最精美、最繁杂的是墓主的1套组玉佩和右夫人的2套组玉佩。

墓主组玉佩　它由32件不同质地的饰件组成，以玉饰为主，计有双凤涡纹青玉璧、龙凤涡纹玉璧、犀形玉璜、双龙蒲纹玉璜各1件，玉人4件，壶形玉饰、兽头形玉饰各1件，玉珠5粒，玉套环1件，玻璃珠4粒，煤精珠2粒，金珠10颗。

其中双凤涡纹青玉璧玉质略软，呈灰黄色。两面涡纹，下方两侧各透雕一凤，像玉璧的托座，正中的上下方各有一个圆形穿孔。此璧位于组玉佩之首，其上孔可以用来佩挂，下孔可以穿线串联其他配饰。

龙凤涡纹玉璧玉质为青白玉，略软，灰黄色，双面饰浅浮雕涡纹，璧的正中透雕一游龙，姿态矫健；璧外缘两侧各攀附一凤，回首外向。龙、凤造型圆润丰满，琢刻线条准确流畅，富有动感。

犀形玉璜玉质坚致，呈黄白色，整体透雕犀牛形，犀牛低头弓身，张口长吻，吻部有双角，脊部下凹如鞍状，中有一小圆孔，长尾下垂再向上回卷，与头部前后对应。腰部浮雕涡纹，脊部和臀部线刻出发达的肌肉。

○ 墓主组玉佩

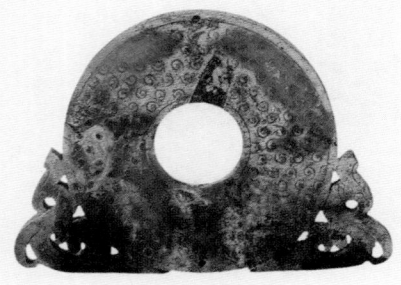

○ 双凤涡纹青玉璧
直径6.9厘米

○ 龙凤涡纹玉璧
直径7.2厘米

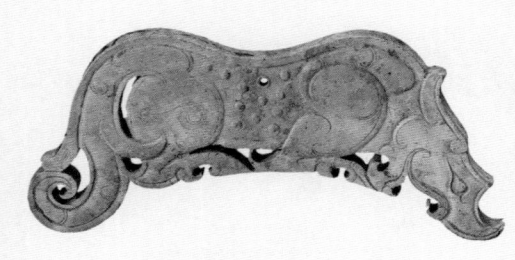

○ 犀形玉璜
长8.5厘米

○ 双龙蒲纹玉璜
长14.2厘米

双龙蒲纹玉璜为青白玉，玉质坚致，圆弧形，两端雕出对称的龙头，张口、鼓目。中间浅雕蒲纹；顶部上沿饰一组透雕云纹，顶尖如蒂形，中有一小圆穿孔；下沿亦饰有一组云纹。

右夫人位居四位夫人之首，她的随葬器物自然也比其他夫人多而且精美，有两组玉佩随葬。

A组玉佩 由连体双龙玉佩、三凤涡纹玉璧、玻璃珠各1件，玉环2件，玉璜5件，金珠10颗组成，玉佩雕工精细，呈黄白或灰白色。

其中连体双龙玉佩的平面略呈椭圆形，以二龙连体构成。龙身上部双面透雕，下身圆拱似璜，两下侧各露一鳍，两面饰突起的勾连涡纹，周边有5个穿孔。透雕的二龙张口露齿，瞪眼对视，中间以一兽首形饰将二龙隔开。兽首双耳横张，吐长舌如座，头顶有尖状云冠。二龙各伸一爪去抓取兽舌。整器构图新颖，是一件完美的艺术佳作。

A组玉佩中的玻璃珠，又叫"蜻蜓眼"，上面有8个蓝白相间的椭圆形圈饰微微凸起，就像蜻蜓那对突出的复眼，这是由低温玻璃制成的。

三凤涡纹玉璧的两面饰勾连涡纹，周边透雕三只凤鸟，对称分立，大小不一，姿态各异，其中两只挺胸翘尾，凤冠与羽尾相连，好像璧的支座；另一凤回首攀附在璧缘上。凤的眼睛和羽纹等细部都用阴线刻出，小巧精致。

A组玉佩中的5件璜亦各有特色，其中一璜透雕四龙：两侧各一

○ A组玉佩

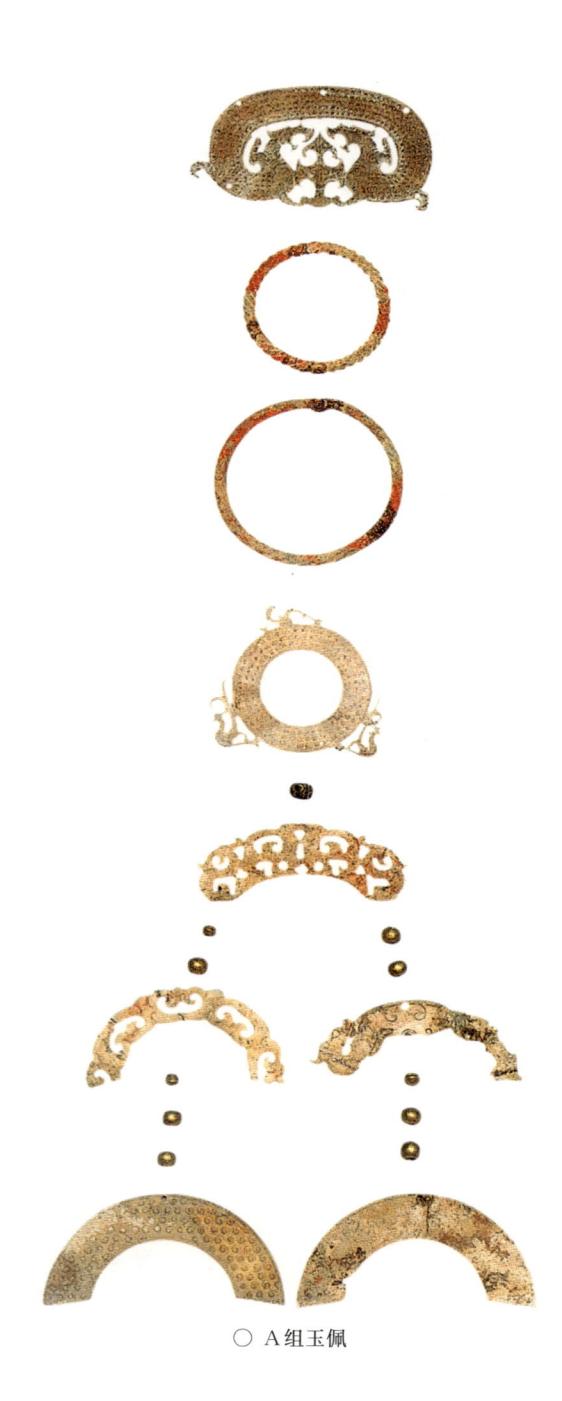

○ 连体双龙玉佩
长10.2厘米

○ "蜻蜓眼"玻璃珠
直径1厘米

○ 三凤涡纹玉璧
直径7.8厘米

龙，头朝外，曲身如"S"形；中间二龙相互缠绕。另一璜透雕二龙，龙首在两端，龙体简化如卷云纹图。

B组玉佩 原是堆叠在一起的。由透雕三龙纹玉环、透雕龙螭纹玉环、玉舞人各1件，玉璜2件和玉管2件组成。

其中透雕三龙纹玉环由透雕的三条龙体首尾衔接，组成一圆环。龙头造型各异，其中一龙张口露出獠牙，颏下有须，另二龙只琢刻出眼睛。龙体饰成绞索形，而龙鳍与龙爪则雕成卷云纹，整器看上去就像龙在云中游，云在龙上飘。

透雕龙螭纹玉环由透雕的二龙二螭缠绕成一圈，龙螭均做腾飞状，两两相对。龙张目闭嘴，螭两眼圆瞪，尖嘴竖耳，雕琢精细。龙螭蹬腿展翼，肌腱浮凸，遒劲有力，极富动感。

玉舞人呈扁平体，女性，身穿开衿长袖的连衣长裙，束带，上系一串上环下璜且有流苏的组玉配饰。头顶发髻上结一花蕾，其右手高扬过头，左手甩袖在前，扭身曼舞，体态婀娜。表面又以阴线刻画出头部五官、脑后长发及衣纹。由头顶到脚底有一对穿小孔，可以和其他配饰串系连接。

这组玉佩玉质坚致，质料比A组的还好。

○ B组玉佩

○ 透雕三龙纹玉环
直径7.4厘米

○ 透雕龙螭纹玉环
直径9厘米

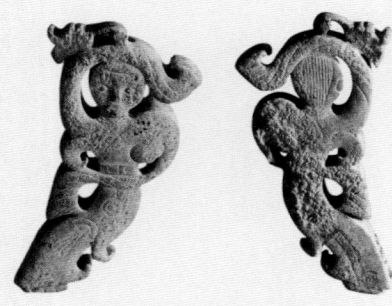

○ 玉舞人
高4.8厘米

世上难寻的器用玉

器用玉分为用器和容器两类。本墓出土的玉用器有印章、带钩和剑的玉饰件三种。玉印章已见前述，玉带钩4件归入下面的服饰类介绍，这里着重介绍墓主人拥有的58件玉剑饰的相关情况。

在剑上以玉做装饰，始见于西周。河南省三门峡市上村岭西周虢国墓中出土了一柄铜柄铁剑，在剑茎短端纳有一块青玉剑首，这是迄今发现的中国最早的玉具剑。此后，以玉饰剑之风延续不断，至战国、两汉时期臻于兴盛，魏晋以后逐渐式微。

春秋战国时期的玉具剑不是很多，一剑之上有4件玉剑饰的玉具剑到西汉初年才见到。而南越王墓出土于墓主身上的10把佩剑，有5把是玉具剑，其中有2把是4件玉剑饰俱全的。佩带玉具剑在当时是地位的象征，连汉代皇帝亦将玉具剑赏赐给匈奴王。

玉具剑上的玉主要用来装饰，也有护手的作用，根据其所在部位不同，有着各自不同的实用价值及名称。在这里，我们采用最通俗的称谓，即首、格、璲、珌。

首位于剑柄顶端，有称"标首"的。剑首背面中间有圆形沟槽，有3至4个小钻孔以纳剑柄。格位于剑柄与剑身之间，中有孔，从剑柄中套入，卡在剑柄与剑身后端处，起护手作用。璲位于剑鞘的中上部，里边靠上部位有一长方形孔，为穿革带用。珌为剑鞘末端的

○ 剑首
  直径5.6厘米
  厚1.05厘米

○ 剑珌
  高7.15厘米
  上残宽5.5厘米
  下宽4.4厘米
  厚1.4厘米

○ 剑格
  高7.15厘米
  上残宽5.5厘米
  下宽4.4厘米
  厚1.4厘米

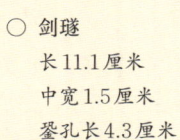

○ 剑璏
  长11.1厘米
  中宽1.5厘米
  銎孔长4.3厘米

○ 五把玉具剑

玉饰，有孔，一般为横排3孔，中间孔大，两边孔小，为安装剑鞘所用。

在南越王墓的西耳室内，有1件漆盒盛着43件玉剑饰，这批玉剑饰多数作圆雕龙虎纹，器体硕大厚重，刻工十分精细，为所见汉代玉剑饰之冠。

出土时，每件剑饰的表面都有朱砂和朱绢黏附，显然是在入葬时逐一用朱绢包裹，然后放入漆盒中。这批玉剑饰大多完好如新，仅少数有使用过的痕迹，是汉代玉剑饰的一次重大发现。从考古资料发现，汉代完整使用成套玉剑饰的剑多为铁剑，除了南越王墓出土的2把外，河北满城刘胜墓出土了1把，山东巨野红土山汉墓也出土了1把，它们都是4种玉剑饰齐备的玉具剑。而成套出现在铜剑上的玉剑饰目前所见甚少，如已发掘的广州182座西汉前期墓中，只有7把铜剑出土，其中6把有玉剑饰，而4种玉剑饰俱全的只有1把；河北满城刘胜墓中的2把铜剑和巨野红土山汉墓中的1把铜剑，情况也是如此。说明西汉时期，坚韧犀利的铁剑在实战的使用价值上确实已超越铜剑了。

在出土的秦汉时期文物中，有不少精美的玉器，但大多是玉璧、玉带钩、玉佩饰和剑饰之类的器物，本墓出土有较为罕见的5件玉容器，而且件件精美，实属难得。

角形玉杯 出于墓主人棺椁的头箱内，由整块青白色硬玉雕成，口部椭圆。角杯的外壁运用了圆雕镂空、高浮雕、浅浮雕、线雕等四种技法雕出了四层纹饰。杯的底端反折往上回转，镂空成离地的

○ 圆雕剑珌两面
　上宽6.8厘米
　下宽5.5厘米
　高4厘米

○ 圆雕剑珌
　上宽6.6厘米
　下宽5.2厘米
　高4.9厘米

○ 圆雕剑珌
　上宽7.4厘米
　下宽6.6厘米
　高3.4厘米

云纹环绕杯身的下部，云纹上刻束丝纹；接着由高浮雕修琢宽体的卷云纹，沿杯体绕向杯口。杯口缘下浅浮雕一只夔龙，尖嘴、竖耳，额上的独角像云朵一样飘出；龙体修长，振翼而立；其尾为勾连卷云纹，缠绕回环，连绵不断地布满杯身；在主纹的空白地方还阴刻了勾连涡纹。各层纹饰层次分明，互有重叠、穿绕，布局巧妙，雕工娴熟，其碾琢技艺已达巅峰，是汉代玉器中罕见的稀世珍宝。

古代，人们用犀牛角做酒杯，认为有解毒的功效。据说，如果酒中掺有毒药，用犀牛角杯盛酒，毒药就会消解，可以保护持杯饮酒人的生命安全。河南禹县谷水河新石器时期遗址，出土了陶制的角形杯；安阳出土了商代的青铜角形器；河南洛阳西汉壁画墓的壁画中绘一勇士左手挽袖，右手持一角形杯，似正举杯与人对饮；到

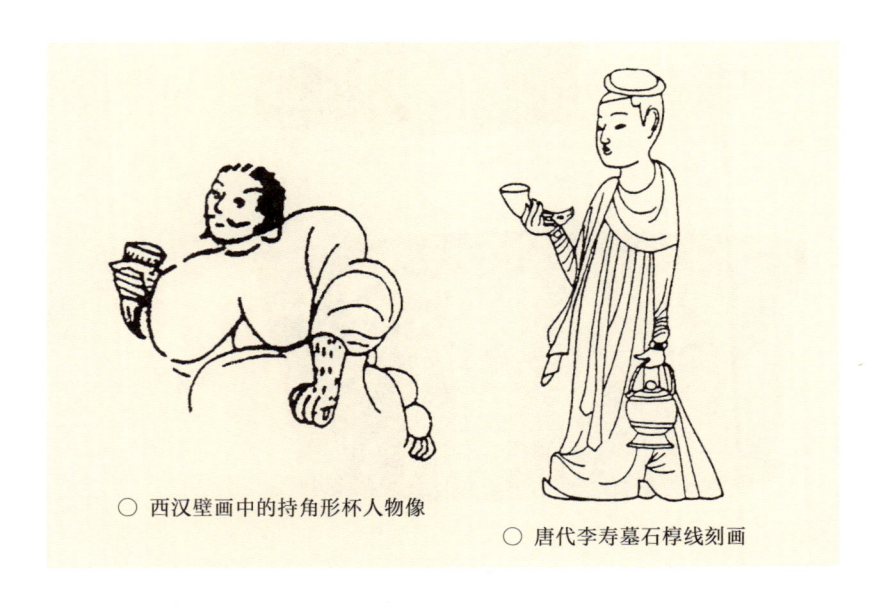

○ 西汉壁画中的持角形杯人物像

○ 唐代李寿墓石椁线刻画

○ 主棺室玉容器出土情形

○ 角形玉杯
高18.4厘米

○ 波斯银角杯
公元前6世纪至公元前4世纪

唐代，李寿墓石椁上有一线刻图，画有一名宫女一手持提壶，一手持角形杯的图像。

在古代西方，这种角形杯更为流行，希腊人称之为来通（Rhyton），视之为圣物。传到古波斯（相当于我国西周时期）后，波斯人用银来制造，称"银来通"，其尖端处呈带双角的羊头形。后来在西亚、中亚制造出多种形式的来通。西安何家村唐代王府遗址窖藏中出土一件玛瑙的角形杯，正是这种造型。南越王墓出土的玉角形杯与西方的角形杯最大的不同点在于，中国的兽头在杯口处，西方的则在杯底的尖部。

玉盒 盒身与盒盖有子母口扣合。盖面隆圆，分布着四个似眼睛的小钻孔；盖顶有一桥形钮，内穿一个活动的绳纹圆环。盖面浮雕花瓣纹、勾连涡纹、勾连雷纹等多重纹饰，盖内也线刻双凤，其中一凤回首，一凤朝前，相互缠绕，踩在一个圆圈上。盒身像一个

○ 玉盒
口径9.8厘米
通高7.7厘米

圆碗，圈足，盒内平滑，外壁也饰有勾连涡纹、花蒂纹等。器呈湖绿色偏黄，有褐斑。玉质温润，晶莹透亮。入葬前盒盖已经破裂，可以看到它在原有的透气孔旁加钻了两个小孔，孔与孔之间琢出一凹槽，用以穿绳缀合并掩藏绳头。此玉盒已破裂但还修合使用，并且放入墓内随葬，可见此盒当是墓主生前非常珍视的。

铜框镶玉盖杯 出土于墓主棺椁的头箱中。全器以青玉和青铜两种材料制成。铜铸的杯体呈八棱圆筒形，上截为8根直棍形铜框，嵌入8块长条玉片，下截嵌5块心形玉片。喇叭形座足。盖圆形隆起，铜框盖顶中嵌入一整块螺形玉。出土时，有多层丝织物裹缠。这个盖杯无论造型设计还是镶嵌工艺都是上乘之作。尤其令人称奇的是，杯身嵌8块长条玉片，近杯底处则嵌5块心形玉片，8与5配

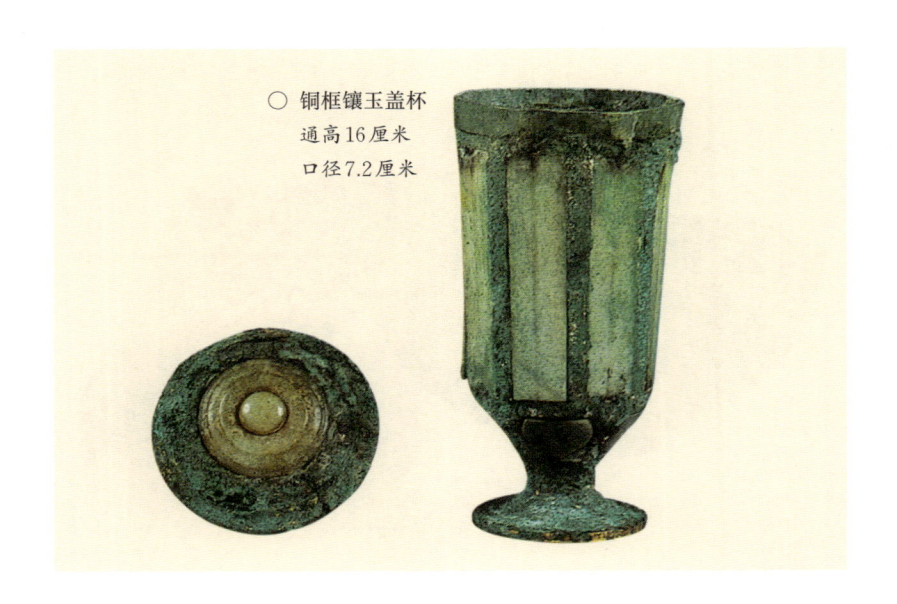

○ 铜框镶玉盖杯
通高16厘米
口径7.2厘米

对，构图匀称，堪称一绝。

承盘高足玉杯 全器由青玉杯、玉杯托、铜托座、承盘、木垫五个部件组合而成。玉杯身、座分别由两玉琢成，在接合面各钻小孔，塞入竹钉连接。杯身呈圆筒形，有三区不同纹饰，平底。座足饰花瓣纹，下为喇叭状，底内凹。杯座之下加有一块小木承垫。玉杯托呈三大瓣三小萼的花瓣形，杯身套入杯托正中的圆孔内。铜托座平置于铜承盘的口沿上，为一扁铜圈，嵌纳三条金首银身的龙，三龙张口各衔住杯托的一片花萼。最下为铜承盘。出土时，承盘内还存有一块朽余的垫木。此器由玉、金、银、铜、木五种材质的部件构成，组合奇巧。三龙托杯有升天的寓意，因为在墓中西耳室还出土了一批五色药石和两套捣药的杵、臼，因此，这套承盘高足玉杯极有可能是墓主生前用来承接"云表之露"，以服食药石而求长生的特殊用器。或有人疑惑，认为此玉杯口径小，接不到多少"云表之露"。但出土时，这件承盘高足玉杯左右两边分别配置一个深腹大铜盆和一个鎏金铜扣大漆盘，三者呈一字横列，位于墓主棺椁头端的正中，其用意或许同是接"云表之露"，其容量足够和药石服用所需。

秦始皇当上皇帝之后，想长生不老，遂派徐福率领童男童女数百人入海求神仙，想取得长生不老之药。其后的汉武帝也在建章宫铸造巨大铜人，手擎"承露盘"，以求仙露，服食长生。殊不知这些药石吃得越多，慢性中毒就越深，死得就越快。南越王赵眜不就是40多岁就身亡了吗？

因为南越王墓未被盗掘和扰乱，这件承盘高足玉杯各构件的组

○ 五色药石

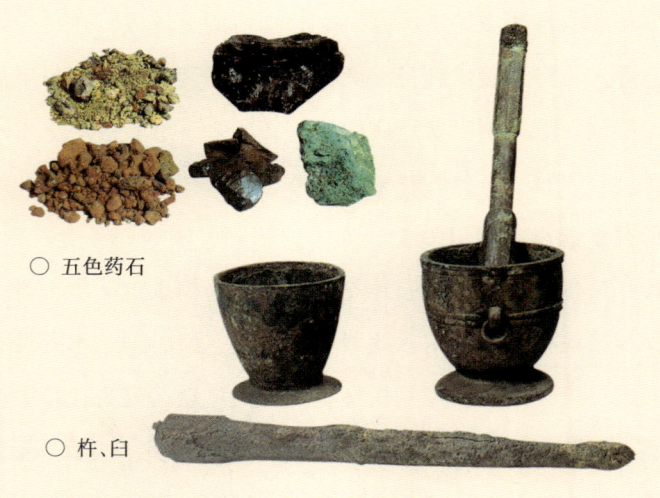

○ 杵、臼

○ 承盘高足玉杯
通高17厘米

合关系得以完整保存。后来，在秦阿房宫遗址和广西罗泊湾一号墓也有类似的玉杯发现。正是由于有了南越王墓这套玉杯的出土，才得知上述的两杯已不是完整的一套器具了。

玉卮 形状类似现代用的盖杯，只是多了杯脚和盖上的装饰，是古代盛酒的器皿，在西侧室一个殉人的身旁发现。它由1个九棱筒形的鎏金雕纹铜框架和9块长方形的玉片组合而成，玉片外表饰勾连谷纹。青玉单耳銴，卮底嵌一整块玉片，下附三蹄足。盖为漆木胎，顶部的玉饰原已脱失，边沿饰3枚弯月形玉片。这件铜框镶玉卮充分体现了战国镶嵌工艺的新成就。

在战国及两汉墓中，常见有陶卮、漆卮和铜卮，在秦汉墓中以漆卮为最常见，本墓的西耳室还出土有银卮和金扣刻画的象牙卮。

说起"卮"，人们就会联想到《史记·项羽本纪》记载的张良陪同刘邦（沛公）赴项王（项羽）的鸿门宴，项王赐樊哙卮酒的故事。"项王即日因留沛公与饮"，席间"项庄拔剑起舞，项伯亦拔剑起舞，常以身翼蔽沛公，庄不得击。于是张良至军门，见樊哙"，告以情况危急，"哙即带剑拥盾入军门……瞋目视项王，头发上指，目眦尽裂。项王按剑而跽曰：'客何为者？'张良曰：'沛公之参乘樊哙者也。'项王曰：'壮士！赐之卮酒。'则与斗卮酒。哙拜谢，起，立而饮之……项王曰：'壮士！能复饮乎？'樊哙曰：'臣死且不避，卮酒安足辞！'"樊哙当年喝酒用的是个漆卮，这是无疑的。但这种漆卮是个什么模样，我们在1977年安徽阜阳双古堆西汉汝阴侯夏侯灶的夫人墓中窥见端倪。此墓出土有两件自名为"卮"的漆卮，均为圆筒形，木胎，有单耳，外施彩绘，高11厘米，直径12厘米。这两件卮的器底有铭文，一件为"女阴侯卮实容五升三年女阴库己工年造"，另一件为"三年女阴侯卮容五升三年女阴库己工年造"。两卮器底还有"女阴"二字的烙印文（详见1978年《文物》第8期）。汝阴侯夏侯灶死于汉文帝十五年（前165年），其夫人早死若干年，两卮制造的纪年同为"三年"，即汉文帝三年（前177年），上距鸿门宴当年（前206年）只有30年。因此樊哙当年饮的"斗卮酒"很可能是上述模样的漆卮，但要连饮两卮，才合乎铭文"容五升"的容量。当然，玉卮是极高贵的器物。据史书记载，汉高祖九年（前198年），未央宫落成，置酒前殿，高祖执玉卮，为太上皇祝寿。这说明玉卮是皇帝的御用品。南越王赵眜竟把这件玉卮赐给仆役随葬，受赐的她显然是深得主人喜爱的领班之人。

○ 玉卮
通高14厘米

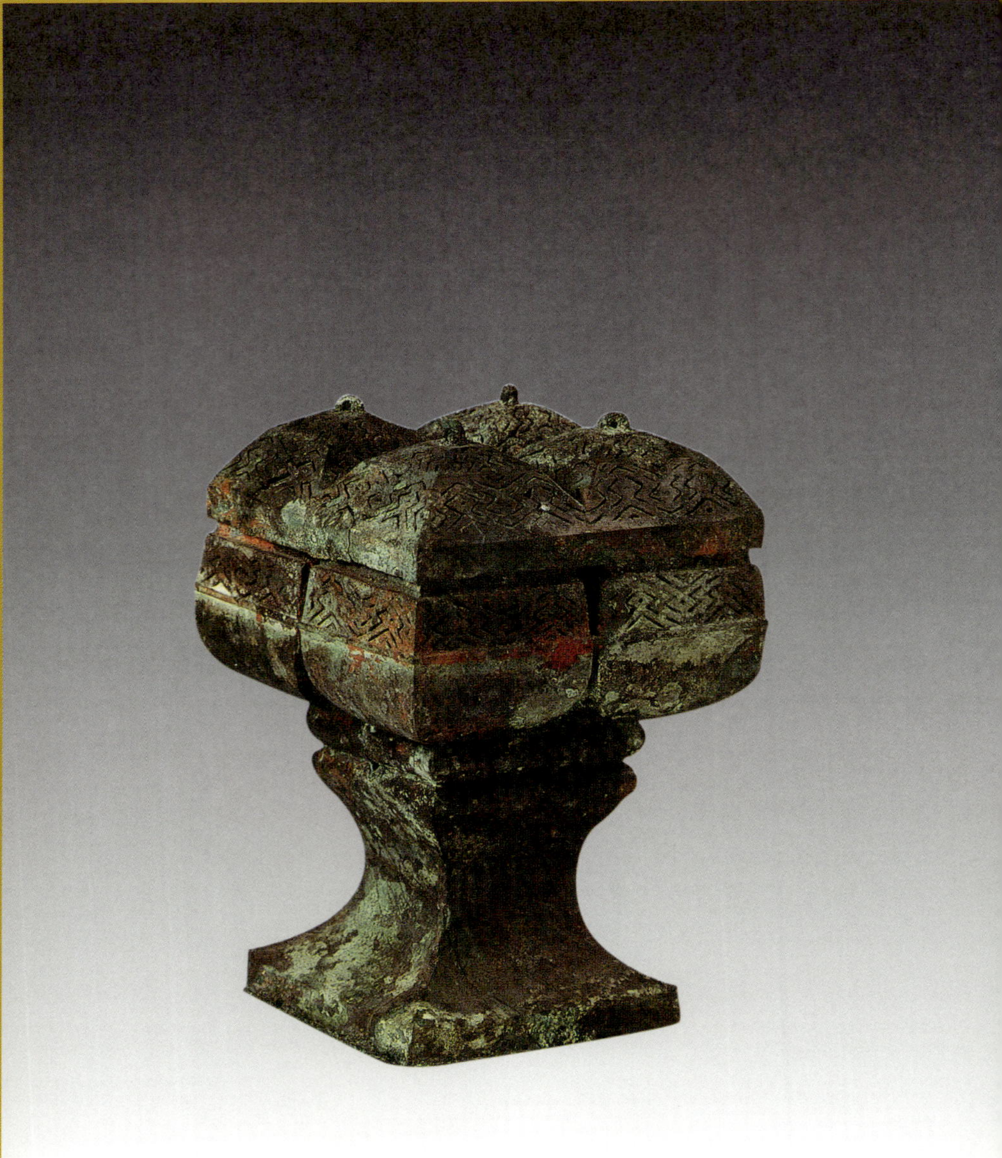

5 满目奇珍

124 丝织物与印花工具

128 家具与服饰

159 海外遗珍

丝织物与印花工具

本墓7个室的随葬物中都有丝织品发现，尤其以西耳室为主。丝织品数量之多不亚于长沙马王堆一号汉墓，分有8大类共20多个品种，可惜已全部炭化。经考古与文物修复工作者细心检验加固，在放大镜下，织物的组织结构尚清晰可辨，连印染的花纹图案也看得清楚。经初步观察，织物原料绝大多数是蚕丝，少数是苎麻纤维。属丝织品的有平纹绢、方孔纱、斜纹绮、刺绣，以及组织复杂的锦、罗、绉纱和提花锦、绒圈锦等高级织物。此外，还发现有手工编织的绶带、罗带和组带等多种编织物。估计当时除了一般织机之外，可能已出现有提花装置的织机。在平纹织物中，发现了经纬密度每平方厘米为320×80根的超细绢，在十倍以上的放大镜下才观察得清楚。这是目前已知的汉代平纹绢中经纬密度最高的织物。

以前，在两广地区的南越国时期墓中，就经常有丝织品和麻织品的残迹发现，罗泊湾一号墓还发现了一套（77件）木质的纺织工具，包括纬刀、绞线棒、工字形器等。南越王墓中除大量丝织品整匹叠置随葬外，其他几百件大小器物亦全部用丝织品包裹捆扎，靡费之大，令人惊异！这亦足以说明南越国拥有自己专门的丝织作坊。

铜印花工具 在西耳室叠置绢匹的附近，出土两件青铜铸造的印花凸版，一大一小，其纹样与长沙马王堆一号汉墓出土的金银色

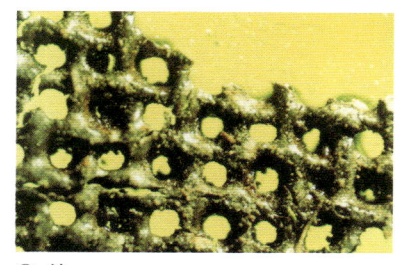

○ 纱

○ 朱染菱纹罗

○ 平纹织物

○ 绣绢

○ 锦

○ 长沙马王堆一号汉墓出土的印花纱

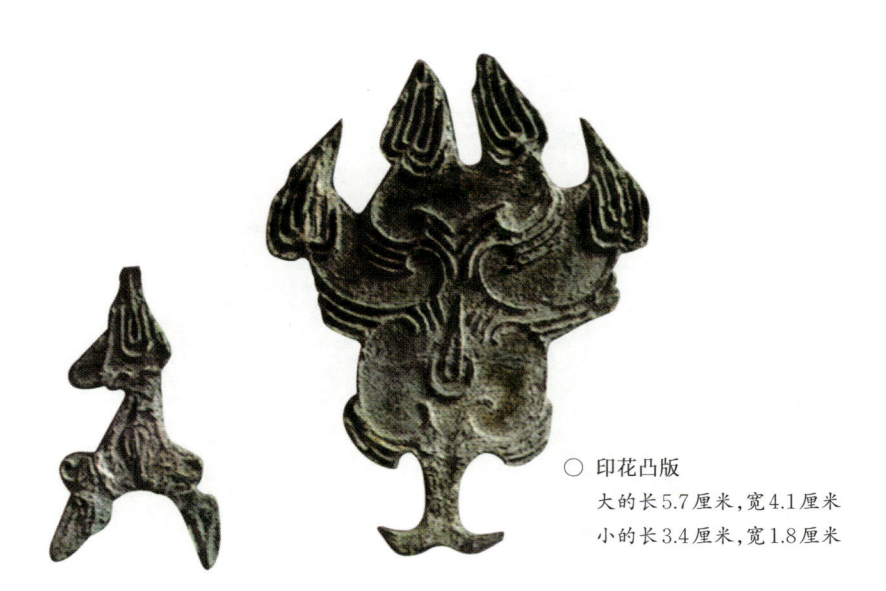

○ 印花凸版
大的长5.7厘米,宽4.1厘米
小的长3.4厘米,宽1.8厘米

印花纱图案非常相似，但图案的单位纹样比马王堆的要大。这两件印花凸版呈扁薄板状，背面各有一穿孔小钮。大的正面花纹近似小树，有旋曲的火焰状纹，线纹凸起，十分薄锐，花纹凸起底版约1毫米。小的凸版轮廓近似"人"字形，正面有凸起的云纹。这两件印版是在丝织物上印染图案的工具，在西耳室出土的丝织品中亦发现了与印版图案相同的套印的印花织物，可惜已炭化了，但在显微镜下尚且清晰可认。根据对比分析，发现小的一件应为印花时的定位纹版，大的为主面纹版。长沙马王堆一号汉墓出土的金银色印花纱，被认为是目前世界上最早的彩色套印织物；南越王墓印花凸版的发现，为这批彩色套印织物提供了套印的实物资料，这对中国古代印染工艺的研究具有重要的科学价值。

在本墓的出土物中，大多数还留有原来是用丝织物包裹之后才随葬的痕迹。以西耳室为例，在一把铁削、一件玉剑饰物、一把铜壶和成捆的箭镞上都有丝织物包裹捆扎的遗痕，可见当日王室中使用丝织物的靡费情况，有如今日人们使用包装纸和塑料袋。这一方面彰显了王室生活的奢华，另一方面亦可说明南越国境内丝织手工业相当发达。据《汉书·地理志》说，当时海南岛"男子耕农，种禾稻苎麻，女子桑蚕织绩"。南越国时珠三角的男耕女织亦当一样。

家具与服饰

屏风　是居室内用来挡风和分隔空间的陈设用具。《史记·孟尝君列传》："孟尝君待客坐语，而屏风后常有侍史，主记君所与客语，问亲戚居处。"亦可安置在床后，作倚靠或挂置什物之用。文献记载与考古发现都表明屏风最早出现在战国时期。

屏风有插屏和围屏之分，插屏多是单扇的，围屏则由多扇组成，少则2扇，多则12扇，能随意折叠，可宽可窄，使用方便。屏风多

○ 屏风复制件

以木枋、板为骨架，蒙上丝织品做成屏面，以石、陶或金属等其他材料做座基。屏面饰以各种彩绘，或镶嵌不同题材的图画，也有全素的屏风。帝王贵族们使用的屏风，用材尤为珍贵，做工精细，画面丰富多彩，瑰丽夺目。

据史书记载，西汉皇室的宫廷里使用璀璨斑斓的云母屏风、琉璃屏风和杂玉龟甲屏风等。据说，西汉成帝时，臣下向皇后进献的贡品中，就有云母屏风和琉璃屏风。这些屏风价值连城。《盐铁论·散不足》说："一杯棬（杯棬指没有雕饰的杯、盘、盆、盏等器物）用百人之力，一屏风就万人之功。"考古发掘所见最早的屏风实物是湖北省江陵望山一号楚国墓出土的彩绘木雕小座屏。这座小座屏制作精致，画面玲珑剔透，意趣横生，但通高只有15厘米，长51.8厘米，是殉葬用的冥器。长沙马王堆一号汉墓也出土一件漆木屏风，通高62厘米，长72厘米，双面髹漆，用红、绿、灰三色油彩绘云纹、龙纹和几何纹，色调醒目鲜艳，画工技巧高超，奔放有力。但此屏风较小，制作比较粗糙，可能也是冥器。而象岗南越王墓出土的屏风规模大，结构复杂奇巧，装饰华丽，是一件实用的围屏，因而弥足珍贵。

这座屏风竖放在主棺室东侧墙边，因木框架腐朽，整体坍落，铜构件散落在原位上。经实地测量，可以确定屏风的规格尺寸；同时，从铜构件左右分布现状及其造型结构的特点，可推知其原在屏风上的相对位置。

铜构件经过去锈处理后，考古人员发现上面刻有数字的顺序编

○ 蛇纹托座
长48.5厘米
宽29.5厘米
高23.2厘米

码,有"左""右"的字样,还有大对大、小对小的衔接口,这都为辨认屏风的结构组合、铜构件的准确位置提供了依据。考古人员经过对出土情况及各铜构件标示的记号进行分析研究,终于恢复其原来的面貌。

整座屏风由6件器体较大、铸造精致、造型怪异的鎏金铜托座支撑,巍然稳固。其中,蛇纹托座位于屏门两侧的底部,由3条蛇组成支托,正面1条,背面2条,相互绞缠,蛇首回旋在中部,蛇身上紧缚着向外飘扬的云纹带饰,蛇尾弯垂着地构成三个支点,以支承屏风取得平衡。

蟠龙托座 位于翼障前端,承垫着展开的翼障,使之不致下坠和晃动。托座的龙昂首曲体盘尾,四足踩在一个由双蛇组成的支座上。蛇头向后,蛇身分别向两边外旋,每条蛇各自卷缠一只青蛙。被缠的青蛙张口暴目,双肢前伸,力图挣脱被卷缠的绝境。龙的四

○ 蟠龙托座及其局部
通高33.5厘米
通长27.8厘米

肢踏在蛇身上，双耳后掠，额顶有一支插管，瞪目张口；一只青蛙蹲伏在龙口里，蛙体半露，头朝外俯视，两前腿按在龙的口角上，神态安详，好像在庆幸得到龙的保护，逃脱了恶蛇的追袭。

从农业生产来看，青蛙吞食对农作物生长有害的小虫，是益虫。而蛇是吞蛙的，属害虫，如果人体被毒蛇咬伤，抢救不及时就会死亡。这个蟠龙托座的造型奇特，龙张口护蛙，四肢亦踩踏着缠着青蛙的蛇身，不让蛇吞食青蛙，其构思应该有抑恶扬善的寓意。

人操蛇托座 位于围屏的两转角处，以力士俑为主体，力士跪坐，面朝屏风转角的前方，两眼圆瞪，眼珠外突，鼻短而高，体矮胖，膀圆肩宽突胸，短袖短裤，跣足，口衔一条双头蛇，四颗犬齿把蛇咬紧，两手各操一蛇，两脚各夹一蛇，各蛇相互绞缠，向左右

○ 人操蛇托座
通高 31.5 厘米
横长 15.8 厘米
俑高 16.2 厘米

延伸，外接下垂的透雕云纹，形成多处着地支点。

屏风顶部有鎏金顶饰，顶部两侧转角上各有一只伫立的铜朱雀，雀首向前，做振翅欲飞的姿势，身上刻满鳞片状的细羽，双翅刻出长条形的羽毛。上翘的尾巴上有一条槽口，里面安插着七八根雉尾羽饰，雉羽成扇形向屏风后面飘垂，五彩缤纷。

三件鎏金的双面铜兽首分别安装在两翼障和屏顶的正中处，兽首双目圆突，鼻高而宽，张口露齿，上髭分两边向外卷翘；头顶的双角、两眉和两耳向外伸展并相互绞缠成卷云纹样。双角、眉毛和卷云纹均用黑漆勾勒轮廓线。朱雀的头顶、兽首的额上和卷云纹的顶端都有管状小插座，以插雉鸟的尾羽。

○ 朱雀顶饰
　通高26.4厘米
　双翅间距24.5厘米

○ 兽首顶饰
　高17.5厘米
　宽58.5厘米
　厚4.5厘米

　　复原后的屏风高1.8米，正面横宽3米，平分三间，每间各1米，左右两间是固定的屏壁，中间是屏门，屏门为两扇，可向后开启。这种由三面构成厅堂式的围屏造型，正中又设有可以启合门扇的结构极为罕见，整座围屏堪称艺术杰作。

○ 陶熏炉
通高 10 厘米
腹径 12.5 厘米

○ 单体铜熏炉
通高 17.3 厘米
口径 7.4—8 厘米
足径 8.5 厘米

熏炉 是古时候用来燃香的器具，又叫香炉或香熏，犹如现在的空气清新器具。熏炉的器形多种多样，有圆形的、方形的，还有博山形的，质地有铜、陶、瓷等，其共同点就是熏炉的盖上有大小不一的镂空透气孔，可使香烟散发出来。

我国在室内熏香的习俗最迟可追溯到战国时期，所燃的香料是一种草本植物——蕙草，又名薰草，即禾本科的茅香，它有一种特

○ 四连体熏炉
通高 16.4 厘米

殊的香味，得到许多人的喜爱。在汉代，熏衣、熏室是贵族阶层生活中的高级享受。

岭南两广地区的汉墓中，有熏炉随葬的情况比中原同期墓更为普遍，这大概与海外香料输入历史悠久有关。

《史记·货殖列传》说："番禺为珠玑、犀、玳瑁、果布之凑。"果布是马来语 kapur 的译音，即龙脑，用于熏香。丝绸之路开通后，还从西方输入苏合香，及狄提、迷迷、兜纳、白附子、熏陆、郁金、芸胶等多种树脂类香料，这些香料不仅贵重，而且须撒于已燃着的炭粒等上面来燃熏，不像茅香等草本植物可以直接点燃。岭南地区汉墓出土的熏炉，大概都是熏烧树脂类香料的，炉身都做得深些，以便在下部容炭火。广州一座西汉早期墓出土的铜熏炉，炉腹内尚有炭粒残存。

本墓出土不同质地、不同造型的熏炉共13件，其中陶熏炉2件，铜熏炉11件。在铜熏炉中，有6件是单体熏炉，有5件是四连体熏炉，炉体由四个大小相若但互不通连的方口圜底小炉盒组成，平面呈"田"字形。方柱形的炉座足呈两级收束，下部宽展成方座，器体曲线柔美，体形稳重。炉盖亦呈"田"字形，顶如四阿式，各有一个半环钮。盖面和炉体的上部均作菱形镂空。炉盖、四个炉体和座足是分别铸制的，四个炉体铸出后，在浇铸座足时再一起合成。这种四连体的熏炉，在其他地方尚未有发现。

铜镜 脍炙人口的描写木兰从军故事的《木兰诗》言："当窗理云鬓，对镜贴花黄。"因为爱美之心，人皆有之，古今中外，概莫能外。古时候没有镜子，人们就用水影来照面饰容。人类从什么时候开始使用铜镜，目前还不是十分清楚。从世界范围来看，铜镜大体可分为东西两大系统：一个是以我国为代表的圆镜系统，即在背面有系钮的铜镜；另一个是在西亚和埃及、希腊、罗马等文明古国广为流传的圆板带柄镜系统，即有柄镜。

据日本学者樋国隆康介绍，在公元前6000年的土耳其的卡达尔弗克新石器时代地层中出土了黑曜石制作的镜子。在伊拉克的基石遗址（前2900年—前2700年）、伊朗的苏莎遗址（前2000年）中都出土了青铜镜。在埃及第十一王朝时期的石棺浮雕纹饰中，有持镜

○ 秦镜
直径26.6厘米

○ 楚镜
直径12.5厘米

妆饰的贵妇人像，其年代也在公元前2000年。这些青铜镜都是有柄镜。

在中国，目前见到的最早的铜镜是1975年在甘肃省广河齐家坪墓葬出土的一面圆形素镜和1976年在青海省南县尕马台二十五号墓出土的一面圆形七角星纹饰镜，这两处均属齐家文化遗址。齐家文化是我国铜石并用时代的一种文化，距今约4000年。在殷商时期的墓中，也出土了一些铜镜，但数量不多，说明当时铜镜的使用并不普遍。直到战国时，青铜镜才大量出现，人们用来整理衣冠、梳妆打扮，成了日常生活中不可缺少的用品。直到镀水银的玻璃镜出现以后，它才退出历史舞台。

铜镜多由青铜铸造，有圆形镜、方形镜、菱花形镜、亚字形镜、有柄镜（宋代才流行）等等，以圆形为多。铜镜的纹饰丰富多彩，且不同时期有不同的特征。因此，铜镜的纹饰与造型也可作为对古代墓葬进行断代的依据之一。

象岗南越王墓出土铜镜39面，全是圆形的。从多年考古发现来看，战国到汉初期间，在原关中秦地和江南楚地墓葬中出土的铜镜，纹饰特点的区别较为明显，可以此判定其为秦镜或楚镜。

在这批镜中，按纹饰分，有龙纹镜、龙凤纹镜、山字纹镜、连弧纹镜、菱花纹镜、弦纹镜、全素镜、绘画镜和错金银、铜、绿松石镜等等，真是五花八门，琳琅满目。特选其中4例介绍如下：

彩画镜 这是目前中国考古发掘所见最大的一面西汉彩画镜，出于西耳室。平缘内有15个内向连弧纹绕成一圈，中间以一圈凹面

彩画镜及其局部
直径41厘米

彩画镜线图局部

宽带纹分隔成为两区，内区绘卷云纹，外区绘人物，人物可能分有四组，因铜锈与绘画纹样锈蚀在一起，所绘图纹未能全部看清，仅一组比较清楚可辨：中央有两人跨步弓腰做斗剑表演。两侧各有站立观看的人，左边一组四人，一人在前引导，三人成群在后，均笼手而立；右侧三人成群，亦笼手站立。估计这三人之前还有一人，因锈层所盖，未能辨明。其他几组人像均不清晰，只隐约可辨出若干拱手而立的人。按每组所占位置推测，可能分有四组人物，两群人物之间用波浪形纹做补白，另外在连弧纹顶部有一圈小卷云纹、一圈小圆点纹，亦为手绘。绘画所用颜料，目前所见有白色、青绿色两种，可能原来不止这两种颜料，也可能受到了铜锈色泽的影响。镜钮中残存绶带结。这面绘画镜的绘画风格与长沙马王堆一号汉墓的帛画相似。

此镜出土时放在一个圆漆盒里，漆盒又被一个大漆木铁工具箱所压，已残碎变形，但仍可见黑漆地上的朱绘云纹。

带托镜 又叫复合镜，这是一面构造很特别的镜。

中国古代的铜镜，一般都是整块铸成的，一面光平，另一面有花纹，光平的一面用来照人。到了唐代，时人以肥胖为美，镜面做得略微隆起，有点抛物线形，这样照出来的脸形稍宽大些，照者可看到自己的容貌珠圆玉润，自然会感到高兴。镜的背面中间铸出一个凸钮，系上组带便于手拿或悬挂。镜钮之外铸出各种纹饰。这面带托镜是由镜面和背托两块分别铸制组合而成。

镜托制成凹形的托盘状，将镜面嵌入，中间用胶漆黏结牢固。

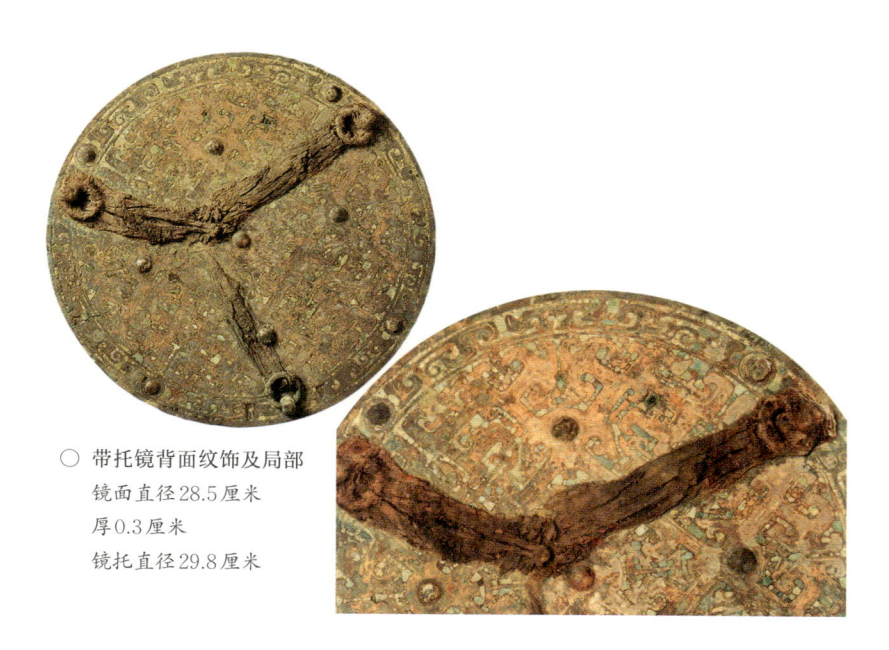

○ 带托镜背面纹饰及局部
  镜面直径28.5厘米
  厚0.3厘米
  镜托直径29.8厘米

○ 带托镜镜托与镜面

镜托的背面有复杂的图案，用金、银、红铜、绿松石嵌错而出。在整个圆面上布列9枚鎏金乳钉，每枚乳钉的座，都用红铜做成四叶花瓣形，上错金丝；以乳钉为基点，纵横画线，将画面分成多等份，以红铜为地制出带几何图形的勾连纹，上错金银丝，又在空隙处填以绿松石。镜的边缘处等分3个环钮，以系组带，组带还保存。整个镜背嵌错精细，绚丽多彩，极为美观。

此镜的金属成分，经过电子探针的分析得知，镜托与镜面的合金成分是大不相同的。镜托主要是铜铅合金，铅的含量比铜还多（56.55%：40.43%），因为在冶炼时，铜加入铅后，高温的铜汁不易凝固，容易流动，铸出的花纹特别清楚，但铸出的成品因氧化容易变灰黑色。镜托的含锡仅0.72%，所以其质地柔软，不容易破裂。而照容的镜面是铜锡合金（60.42%：31.20%），质地较坚硬，经抛光打磨后，其照人效果极佳，但缺点是质脆，容易破裂。带托镜就是把刚性易碎裂的镜面，与柔性的镜托复合起来，扬长避短。这种刚与柔相结合的工艺，在柔性钢铸件出现之前，可以说是古代劳动人民智慧的高度体现。

六山纹镜 这是战国时期最流行的铜镜类型。其主要特征是镜背的纹饰中，在羽状地纹上由三至六个类似山字的图纹为主题纹样，山字之间通常配以花瓣纹、叶纹和绳纹。山字纹镜均为圆形，钮座则有方有圆，山字分列于钮座之外，有左旋、右旋两种。根据山字纹的数目，可分为三山纹镜、四山纹镜、五山纹镜和六山纹镜四种。从目前出土的山字纹镜来看，四山纹镜是出土最多的，仅在湖南地

○ 六山纹镜
直径21厘米

区楚墓出土的铜镜中，四山纹镜就占70%—80%，而其他的山字纹镜为数极少。以前，六山纹镜传世的，唯有中国国家博物馆和上海博物馆各藏的一面。南越王墓所出的这件六山纹镜是在西侧室中部一个殉人身上发现的，是目前所出土的唯一完整的六山纹镜。

这面镜的纹饰特征与楚国的山字纹镜相同，应属楚镜系列。镜有三弦钮，双重圆钮座，主纹为六个山字，中间一画特长，直指外区边缘；中间六个叶形花瓣等分于钮座外圈。外周亦有六枚花瓣，各瓣尖连以线条构成六连叶；窄素卷缘。这是我国最早发掘出土的六山纹镜。其后，1992年在河南省洛阳市西工区C1M3943战国墓出土了两件六山纹镜，其主纹六个山字呈顺时针方向倾斜，其间饰有

18枚嵌料珠或包金箔的梅花乳钉。可惜的是，这两件六山纹镜均已残缺。

带钩 分束带钩和挂物钩两种。前者是古时人们在束腰的革带或丝绸带上用的钩具，多以青铜铸造，亦有金、铁、银、玉、骨等质料的。带钩整体由钩首、钩体和钩钮组成，钩和钮是连接革带两端的结合点，花纹装饰都铸（刻）在钩体的表面，钩首多数是取动物造型，钩背平素无纹。

位于前部的钩首，用来扣住革带左端的穿孔（有一至三孔供调节松紧），在钩背中后部带短柱的钩钮是革带右端嵌入后用以固定的。它的使用功能，在出土的战国铜造像和秦兵马俑坑的陶俑中有具体的实例可供参对。还有一种玉环扣钩，固定于束腰丝带的两头，束衣时把玉钩扣入玉环中，这种钩不多见。挂物钩的体形都较小，用于挂印、饰件或佩剑之用。

就目前所知，青铜带钩最早出现在山东蓬莱的两座西周晚期墓中。在陕西凤翔、宝鸡的春秋秦墓，出土有铜或金、玉的带钩，河南固始、淅川和湖南的湘乡、陈家湾以至北京怀柔等地的春秋墓也有铜或玉的带钩发现，其中山东临淄一号春秋晚期齐墓，出土金带钩2枚、铜带钩64枚，墓中的殉人，其中一人就有铜带钩11枚，少的也有4枚，可见这时期带钩的使用已较普遍了。所以，一般学者根据文献记载和考古发现认为，春秋时期带钩已见使用，到战国秦汉年间进入鼎盛阶段。

在古籍中，带钩还有不少异名，如犀比（《楚辞·招魂》）、犀

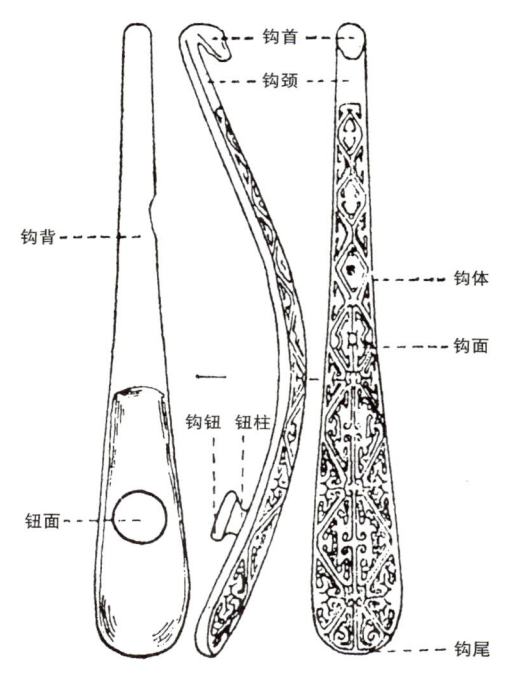

○ 带钩各部分的名称

觯（《汉书·匈奴传》）、胥纰（《史记·匈奴列传》）、师比（《战国策·赵策》）、鲜卑（《楚辞·大招》）等读音近似的别称。但在较早的文献中都是叫"钩"，如《国语·齐语》中有"夫管夷吾射寡人中钩"和《庄子·胠箧》中有"窃钩者诛"等句。全名"带钩"一词始见于《史记·齐太公世家》中"（管仲）射中小白带钩"的故事，其实该事件中还有一位重要的当事之人。原来，春秋时齐国的鲍叔牙少年时与管仲（字夷吾）友善，两人一同经商，因为管仲家贫，鲍叔牙将赚得的钱大份的给管仲，小份的留给自己。后来两人都从政。公元前686年，齐国内乱，公孙无知杀了齐襄公自立为君，公子纠由管仲护随出逃到鲁国，鲍叔牙则护随公子小白（即日后的齐桓公）出奔莒国。第二年齐人起来杀了无知，并放言欢迎出逃的两位公子，谁先回到齐国就拥立谁为君。据《史记·齐世家》称："鲁闻无知死，亦发兵送公子纠，而使管仲别将兵遮（拦截）莒道，（管仲）射中小白带钩，小白详（佯）死。"公子小白中箭诈死，护送的人还把他装进车中以蒙骗管仲。护送公子纠的鲁军收到公子小白已被杀的快报，行军的进度就缓慢了。而护送小白的莒军则加急驰行，又有国人的内应，得以抢先入齐即位。"桓公之立，发兵攻鲁，心欲杀管仲（以报一箭中带钩之仇）"；同时要立鲍叔牙为宰（相）。鲍叔牙对齐桓公说："君将治齐，即高傒、叔牙足也。君欲霸王，非管夷吾不可。"桓公接纳了叔牙的建议，拜管仲为相。管仲在国内推行改革，出现了"管仲相桓公，九合诸侯，一匡天下"的春秋盛事。

南越王墓出土的带钩有36件，分束带钩和挂物钩2种。按钩首造型来分，则有水禽形、龟形、蛇形、龙形和虎形5种。这批带钩有铜、金、银、玉4种不同材质，其中铜钩有23枚，金钩2枚，银钩7枚，玉钩4枚，而以放置在墓主棺椁头箱中的6枚和置于玉衣头套前的虎头金钩玉龙最为精彩。举要分述如下：

龙首包金嵌饰物铜钩 钩体为铜胎，外表包金，镶嵌绿松石。出土时还可见到全器用丝绢裹缠的遗痕，已折断成三段，其中的一

水禽形　　龟形　　　　　　龙形　　　　　　　　虎形

水禽形　　蛇形

○ 南越王墓出土的5形带钩

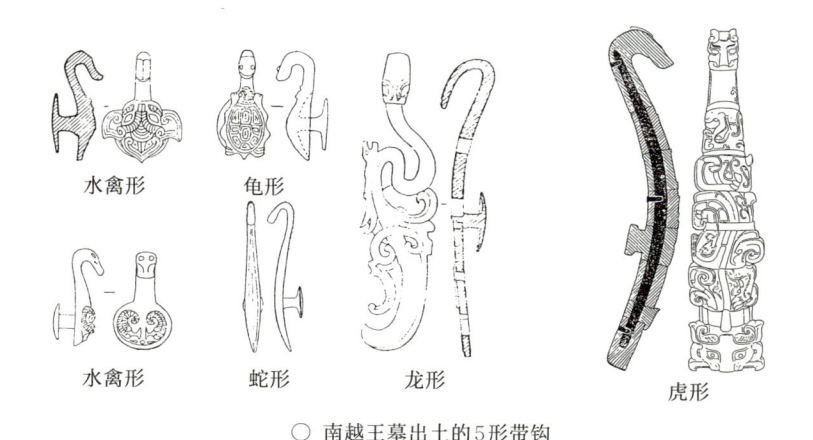

段还与另一件玉带钩锈蚀在一起。去锈修复后，还有部分残缺。

钩背自龙首以下一段贴金箔片，刻细线花纹，钩首的龙头用金片锤揲成形，眼珠、耳背有镶嵌物，已脱失，仅颔部的一颗绿松石珠保存，颌下颈部两侧纹样为游龙，至尾部汇成一鹰首。弓形的钩体正中为"T"形图案，周围用金丝编结成鳞状的网眼，每个网眼内嵌入一颗绿松石珠，两侧有朱雀形图纹相衬。钩背的钮已残缺。这是一件造工精细、设计巧妙的金属镶嵌工艺佳作。

虎头金钩玉龙佩　这件虎头金钩玉龙佩在本书第96页中已有详述。出土时金钩位于前述的兽首衔璧玉佩的左（西）边，龙尾的断折口一段尚套在金钩的虎口中。从龙佩折断后的头尾两段来看，不断开是无法套入虎口内的，表明这件玉龙佩饰折断之后，南越王心痛了，由工匠颇费心思设计出这个重100克的虎头金钩，把玉龙尾部断开的一段从虎口中套入，玉龙头尾两段的断口两侧各钻孔用丝线

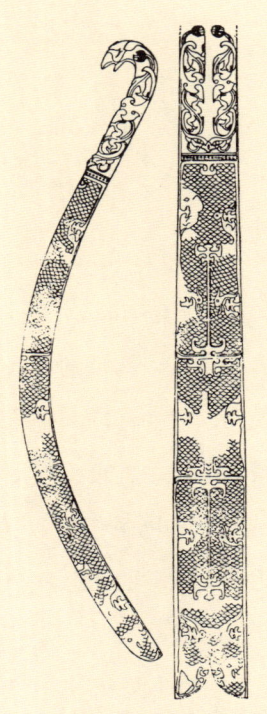

○ 龙首包金嵌饰物铜钩线图　　　○ 龙首包金嵌饰物铜钩
　　　　　　　　　　　　　　　　通长20.1厘米
　　　　　　　　　　　　　　　　宽1.2厘米

○ 雁首金钩
通高1.9厘米
钮径2.3厘米
重29.3克

穿系复原，形成一件充满生气的龙虎争斗艺术佩饰。

雁首金钩 由一个雁首的钩体和一个大圆饼似的钮扣组合而成，是一件挂物钩。

钩体呈一长喙的雁，做回首状。长喙突出体外，略显夸张，两翅合敛。雁体下连着一段圆柱状的钮柱，中空。圆饼形的钮扣正中处有个凸榫，榫头呈"十"字形切开，插入钩体下面的钮柱内，稍加锤打榫头的切口就分叉了，把钮扣卡实而不会脱落，但可转动。

龙首嵌宝石银带钩 钩体侧视呈弓形，表面铸出虎纹、云纹等繁复的图形，当中分嵌三组宝石。这枚银钩的背面布满由点与线组成的针刻云纹，与一般带钩背面平素无纹有别。纹样分为三段：第一段是龙头形钩首，下侧有卷云纹。在两条凹形的宽带纹之下进入第二段。到钩体最高点，与第三段无明显区界。这段的主体是一条龙纹，龙首在最高点，浓眉圆目，双角竖起，宽鼻，以下连着如两条直线纹的胡髭，侧边各饰一只高浮雕的飞虎，还有卷云纹。第三段由钩体正中高点到钩尾，这段是革带挂扣后的显露部分，钩面当

149

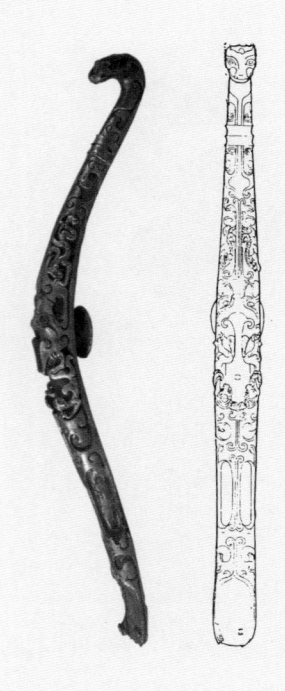

○ 龙首嵌宝石银带钩
长 18.4 厘米
中宽 1.3 厘米
钮径 1.6 厘米
重 112.5 克

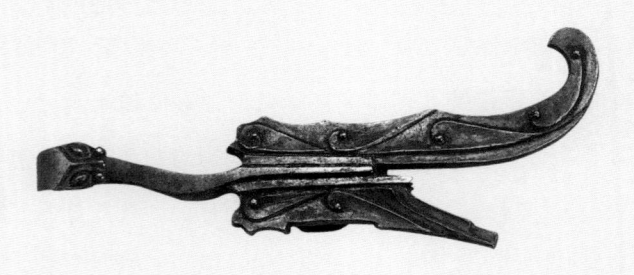

○ 龙首七星纹银带钩
通长 8.3 厘米
宽 2 厘米
钮径 1.6 厘米

中分别镶嵌三组宝石，每组之间都用卷云纹做隔界，宝石原已脱失。第一组的一颗宝石原来可能是方形的，嵌石的凹槽正中还见到一个凸起的方形小榫头，是用来穿贯宝石的。第二组在钩体两侧，原来镶嵌的可能是两颗长圆形的宝石，只剩下凹槽。第三组在钩尾，只见到一个长方扁圆角形的凹槽，还留有用来钩固宝石的弯钩。这枚带钩除了钩背有针刻纹之外，钩钮的面也刻有四角星纹。

龙首七星纹银带钩　龙头形的钩首，曲颈细长，腹部为复体龙纹，后部分成两半，表面图案线纹，饰七星勾连纹，如北斗星座的布局。扁平圆形纽。整体铸作颇精。

龙虎并体带钩　青白玉，有褐色、酱黄色斑，玉质莹润。钩体扁形，龙虎并体，颈以下用一条窄缝分隔。钩部浮雕虎头形，钩尾雕作龙首。龙仰身昂首，张口咬一圆环；虎亦伸爪抓圆环。龙虎躯体及圆环上都饰有勾连云纹。整件器物构图奇妙，雕琢精细，抛光洁亮，其构思堪称一绝。

八节铁芯龙虎带钩　青白玉，有锈斑。由一根铁柱串联8块玉子组成。全器龙虎合体，侧视呈弯弓形。钩尾为虎头，虎头宽扁，凸眼、直鼻、獠牙，胡髭外撇，浓眉上卷呈钮索纹，前端还刻出鼻孔和整齐的牙齿。颈部套一多节的圆箍，后脚的爪子伸到龙钩近头处。钩首为龙头，瘦长形，颈两侧刻勾连云纹。两后爪伸到虎体上，其中一爪达到虎头的颈箍处。虽然铁芯玉带钩在全国发掘出土不少，战国的、汉代的都有，但南越王墓出土的这件带钩雕镂特别精致。上述齐国公子小白束腰的带钩能抵御管仲射来的利箭冲刺，不粉碎

○ 龙虎并体带钩
长 18.8 厘米

○ 八节铁芯龙虎带钩
长 19.5 厘米
宽 4 厘米

不折断，救了他一命，为其日后在春秋政治舞台中第一个登上霸主之位立下汗马功劳！那么这枚带钩究竟用什么材质制作？形体有多大？可惜实物或文献都没有留存或记载。中国的带钩制作工艺至战国走向鼎盛，秦汉继承。从南越王墓出土的36件带钩来看，材质有金、银、铜、玉，形制纹饰精美，确实是公子小白等级的人物得以享用的。但这批带钩的体形不大，材质亦软，只有这枚铁芯的八节玉钩，玉质厚重坚实，且有铁芯骨架相互胶合，可抵御强弓箭矢的穿刺。但就目前所见，与之类似的铁芯玉钩，年代最早只到战国，还未见有春秋时期的，这个推想有待今后的考古新发现求得解答。

关于带钩的使用，原先认为出现于西周晚期至春秋战国时期，然而这种观点在20世纪70年代被考古新发现的事实改变了。1972年，首次在浙江桐乡金星村发现了史前时期良渚文化的一枚玉带钩；1984年，上海青浦县福泉山遗址的几座良渚文化墓葬中也有玉带钩出土；接着在浙江余杭良渚文化遗址中亦有发现，经测定其年代距今有4000年左右，这是我国目前发现年代最早的带钩。这批已发现的玉带钩，共10余件，呈扁方形，体形一般较小，长3—9厘米，宽5—7厘米，一端有圆孔以穿绳带固定，另一端为平钩，如曲尺形。从其结构形制来看，已具备实用的功能了，不止雏形，但它的扣结方式与春秋以后的带钩相反。

另一方面，良渚文化的年代往下到春秋时期之间有1000余年，良渚文化的先民已用玉带钩，这是有出土实物为证的，其后很长的一段时间竟消失了。因为这期间还未见有带钩的考古发现，这个缺

○ 浙江余杭长命乡雉山村
反山墓地出土的玉带钩

○ 上海青浦县福泉山遗址出土的玉带钩

环尚待新的发现来填补。

牌饰 这是匈奴人腰带上的饰件。分布于我国北方草原地区，也见于蒙古国、俄罗斯南西伯利亚和外贝加尔地区。战国秦汉年间已传入内地，广州近郊和广西平乐的南越国时期墓中偶有发现，都是纹样与大小相同的两件成对出土。

南越王墓出土了16对牌饰，分别是位于墓道和外藏椁两殉人处各1对，主棺室墓主的玉衣两侧出4对，东侧室的夫人棺位置中出3对，西耳室出7对。这些铜牌饰的主要纹饰分别是龙龟纹和嵌平板玻璃两种。

龙龟纹镂空牌饰 有5对，为横长方形，饰有一龙二龟，龙昂首

○ 龙龟纹镂空牌饰

○ 羊纹牌饰

屈体，呈两圈相连的"∞"字形，两圈内各有一龟，位置倒向，引颈回首。牌饰背有两个竖置半环钮。类似的牌饰在宁夏倒墩子村西汉匈奴墓中曾发现有21件，出土于死者腰部以下的两腿旁或脚下，有的牌饰背面两半环钮中间还有革带残留。经考证得知，这类牌饰源于我国北方地区的匈奴骑马民族，他们的服装短衣窄袖，显得灵活精悍。战国时，赵武灵王为了免遭强国的欺负，决心改革国民的风俗，推行胡服骑射，并以身作则，不仅亲自带头穿胡服，还号令大家学习骑马射箭，训练了一支强大的骑兵队伍，胡人的带具在此时传播开来。1995年3月，徐州狮子山汉墓出土了两副既精美又完整的金扣腰带。南越王墓出土的这些牌饰，有些可能是秦军南下时

○ 嵌蓝色平板玻璃铜牌饰

○ 嵌蓝色平板玻璃铜牌饰中隔垫有丝绵

带来的,但嵌蓝色平板玻璃的牌饰,则应是在本地制作的,为南越国所特制。

嵌蓝色平板玻璃牌饰 有11对,其中2对已经朽烂。这种嵌蓝色平板玻璃的牌饰,在目前考古发现和传世的牌饰中属于首见,也是唯一的。玻璃在当时被视为珍贵之物,主要用于制作饰物,南越王对之就更为珍惜了。因为入藏在西耳室的7对出土时都是两块玻璃两两相合,中间夹上一层细麻纤维或丝绵做隔垫物,每对再用丝绢包裹,然后放入竹笥内随葬。这些牌饰均为浅蓝色平板透明玻璃,下面垫有一片薄木板,木板上又覆有一块铁盖板。在盖板的中间分铸出两个半环形鼻钮。每对牌饰的大小略有差异,大约分为三种:

第一种长10厘米，宽5厘米，厚0.8厘米；第二种长9厘米或9.5厘米，宽4.4厘米，厚0.3厘米；第三种长8.6厘米，宽4.4厘米，厚0.3厘米。南越王墓中的玻璃器物，除有平板玻璃外，还发现有玻璃璧、圆圈纹珠（又称"蜻蜓眼式珠"）、小串珠、贝饰和鼻塞等。经中国建筑材料科学研究测试中心鉴定，这些玻璃器物均属铅钡玻璃，也可以说是我国最早的蓝色平板玻璃。

从考古发掘资料获悉，目前已知我国年代最早的铅钡玻璃制品是湖南省长沙、衡阳、资兴等地楚墓出土的玻璃璧和河南省辉县战国墓出土的圆圈纹珠；年代与南越王墓相近的徐州北洞山西汉楚王墓，墓中也出土玻璃杯16件，蜻蜓眼纹的玻璃片3片和重达852克的玻璃残兽1件，经鉴定，也属铅钡玻璃。因时代早的铅钡玻璃制品大多发现于长沙楚墓，故推测长沙是中国较早制造玻璃的地区之一。南越王墓出土的玻璃璧，器形与长沙、资兴等地的战国、西汉玻璃璧相同，但平板玻璃、小串珠等则为长沙和中原地区所未见。因此，可以认为，南越国的玻璃制造业是在原楚地（主要是长沙）的影响下建立起来的，由王国工官监造。南越王墓出土的平板玻璃，是迄今已知的我国年代最早的透明平板玻璃。它的发现，对研究中国古代平板玻璃的生产有重要意义。

海外遗珍

在南越王墓出土的器物中，还有很多舶来品，如主棺室出土的银盒、金花泡和西耳室出土的原支大象牙等，都是2000多年前的舶来品。

银盒　出土于墓主棺椁的"足箱"内，这件银盒非常别致，盖身相合呈扁球形，盖面隆圆，顶部有两圈凹线弦纹，构成一圈宽带。外周为对向交错的蒜头形凸纹，表面有极薄的鎏金，与我国发现的

○ 银盒出土情形

战国至汉代鎏金器一般都较厚的情况截然有别。盒盖顶部在宽带纹外侧分立三个如银锭形的小凸榫，上面分别刻有"｜""｜｜""｜｜｜"的记号。器底附加铜圈足座，圈足座鎏金，锈蚀严重，仅存约三分之二，出土时已与器身脱离。从后加的盖钮和圈足座来看，这是依照中国汉代的盒形盖上都有钮饰、器底有圈足的特点而改造的。盖面上银焊的三个凸榫，应是用来套入三个羊形或熊形的钮座的。钮上刻的编码，则是方便钮饰对号入座的（出土时三羊或三熊的钮座已失不存）。

这件银盒，从造型到纹饰都与中国汉代及汉代以前的金属器皿的风格迥异，但与西亚波斯帝国的金、银器相类似。《世界考古学大系》第十一卷中就刊有这类蒜头形纹的金器和银器，其中有波斯帝国早期都城厄克巴坦出土的公元前5世纪的"薛西斯王"金钵、金壶，以及在苏撒附近出土的公元前5世纪的"阿塔薛西斯王"银盘。

有意思的是，用电子探针对银盒化学成分进行分析，发现盒体材料所含的金、铜是微量的，而后来焊上的盖钮的金、铜的含量比盒体要高两三倍。又经检测，盖钮材料中金、铜的含量与同墓所出银锭基本接近，这表明后加的银盖钮材料与银锭是同一来源。因而可认为银盒是海外舶来品，而盖钮和器座则是流入南越国后才附加上去的。出土时，银盒内的药丸，有如今天的保济丸大小，已黏结成团，并全部炭化，无法知道其成分与药性。西汉时，中国还没有药丸出现，这些药丸也可能是与银盒一起由海外输入的。

有趣的是，银盒出土后用清水清洗，发现盖面和盖底都刻写有

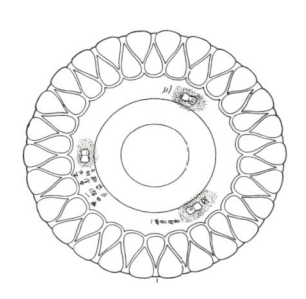

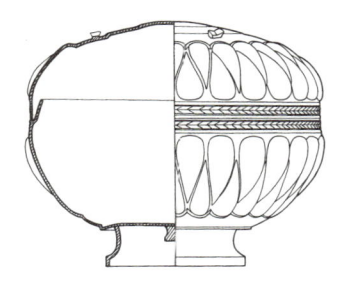

○ 银盒
通高12.1厘米
盖径14.3厘米
腹径14.8厘米
重572.6克

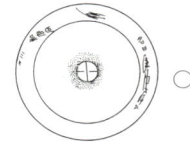

○ 银盒线图

汉字的草隶，盖面有"一斤四两 右游 私官容三升大半□ 名甘百册一"；盒底有"之三""私官容□""名甘□"（□是下面的字被刮掉）。铭文中的"私官"，是管理皇后宫廷膳食的官署；"游"有学者说是王宫中的离宫别苑，有右游宫、左游宫的。"名甘"是管理者的名字。刻铭的大意是：这个银盒为"右游宫"的"私官"用器。"名甘"编号：百册一，（自重）一斤四两，容（积）三升又三分之二升。从这些刻写的铭文可以看出这个银盒在出土之前已有过三段历程：一是在产地制造成容器；二是经过若干时日经由海路传入中国的岭南；三是在被收入南越王国之后，由使用和管理者给予编号入册，并注明其自重与容积，然后再交由工匠依照中国传统的铜盒（或漆盒、陶盒）形制给它焊接盖钮和在盒底加铜圈足。南越王生前曾用它来盛服食的丸药，死后还要放入棺内随葬，显示出其身价很不寻常。

金花泡 共出土39枚，是一种贵金属的装饰品。这些花泡呈半圆球形，底口处为平折沿，泡壁很薄，泡里底口稍下处焊接一根横梁，用来缝缀。其中有两枚的花饰最为繁缛，在球面形的泡体上饰有九组图纹，都是用金丝和小金珠焊接而成的。这些由金珠和金丝组成的图纹都通过焊接固定，在20倍的显微镜下可以清楚地看到焊接点。我们从传统的金银器加工工艺得知，绞索形纹用两根极窄小的薄片做相对方向搓捻而成，小金珠是用金丝剪成小段经高温吹熔凝聚而成，设计和加工十分精细。

这种焊珠工艺与中国传统的金银细工不同，而与西方出土的多

○ 金花泡

直径1.1厘米

高0.5厘米

面金珠上的小珠焊接法相同。据国外学者研究，焊珠工艺在公元前4000年的两河流域乌尔（Ur）第一王朝时已出现，随后流行于古埃及、克里特、波斯等地，亚历山大东征以后传到印度。南越王墓出土的蒜瓣银盒和金花泡饰，器形与制作都与中国传统的金银器工艺迥异，其来源很可能同当时的海上交通线有关。

据《汉书·地理志》记载，汉代中国与东南亚、印度有一条海上通道，即从现在的越南岘港或我国广西的徐闻、合浦出发，沿印支半岛南下，经越南南圻、泰国华富里、暹罗古都佛统、缅甸蒲甘、印度马德拉斯到斯里兰卡。汉武帝派出的汉代使者到达此地后又沿原路而归。《汉书·地理志》还记有黄支国（今印度东岸建志补罗，出海口为马德拉斯）"其州广大，户口多，多异物"。所产明珠、璧、琉璃、奇石异物，自武帝以来源源流入中国；中国的丝绸（杂缯），通过馈赠、贸易，输往上述各地。不难设想，海上往来的民间交往，总比有文字记载的要早，所以这条南海交通航线很可能早在南越国时期就已经开辟了。

象牙 原支共5枚，出于西耳室，呈黄白色，保存欠佳，质地已经松散开裂。表面的釉质层及里面的象牙质层已有脱落现象，部分断裂成碎片，象牙表面附有许多残碎木片，原因是入藏时5枚象牙堆叠在一起，用木箱、匣盛装，在墓中2000多年时干时湿的环境中极易损毁。同时由于风化作用，象牙质变得十分疏松，并形成很多松散的同心层。

从其形态特征和大小比例看，出土的5枚象牙与现今的非洲雄象象牙较为接近，而与现今的亚洲象牙区别较明显。现今亚洲象仅雄性有象牙，且较纤细；非洲象则雌雄两性均有象牙，雄性象牙较大而粗壮，雌性象牙较小而纤细。

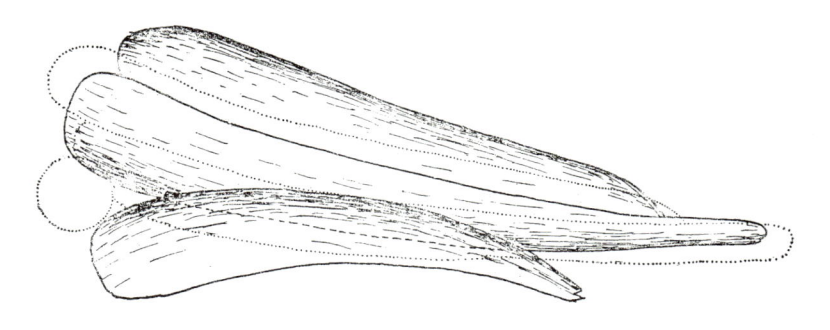

○ 出土象牙示意图

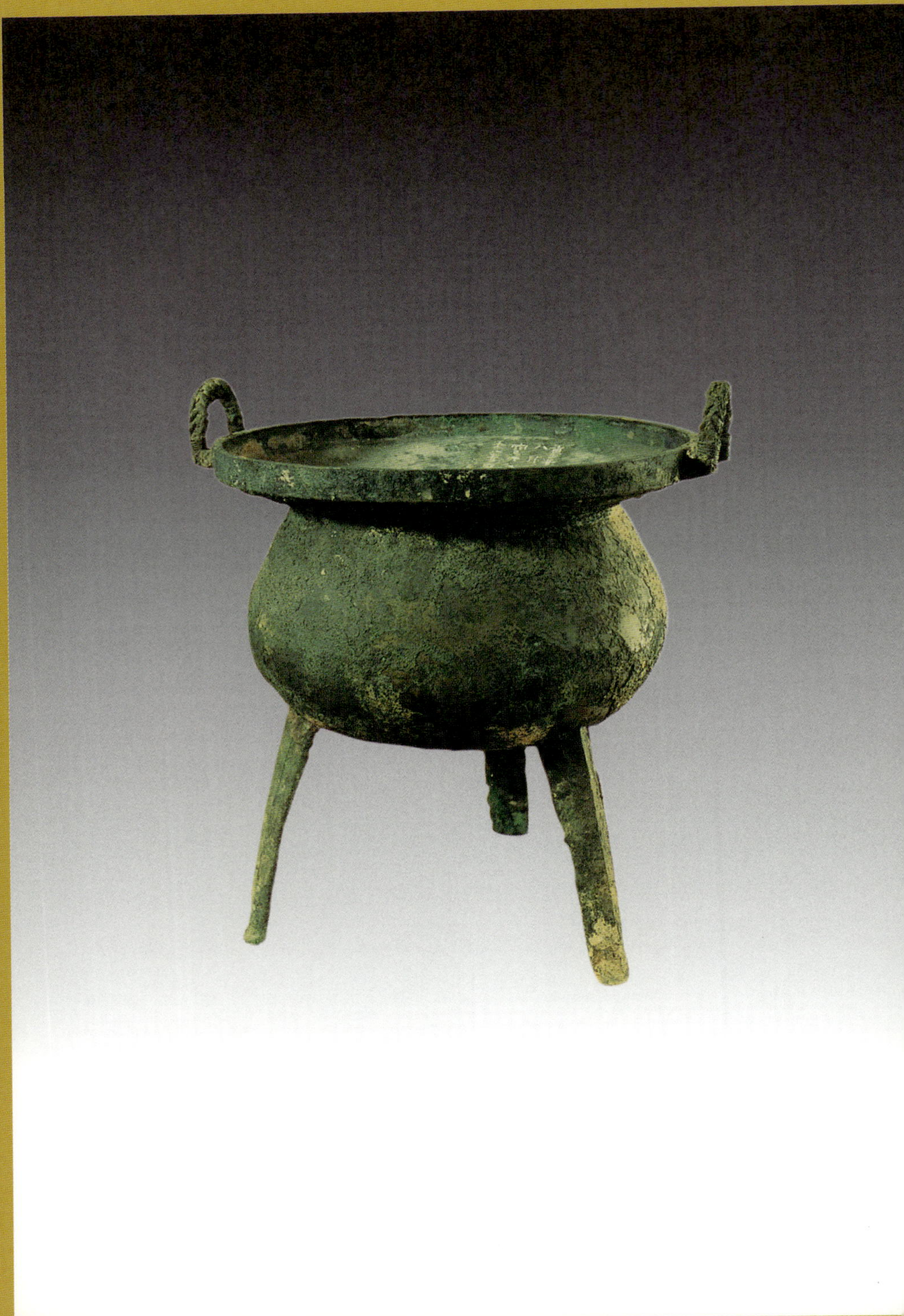

6 岭南文明

168 铜铁之器

173 农业与渔业

178 南越之陶

184 饮食文化

196 楚舞越声

铜铁之器

从两广地区南越国时期墓中出土的铜器和铁器来看,南越国已拥有自己的青铜铸造业。

据研究,大约在西周、东周之际,岭南地区开始使用青铜器,生产的青铜器绝大多数是斧、钺类工具和短剑、矛、镞等武器。铸造大多粗糙,形体薄小,具有独特南越文化风格的青铜器不多,堪称重器的更少。虽然先秦越人较早学会炼铜技术,但青铜冶铸技术并没有在生产上或社会结构上引起重大变革。战国中期以后,楚国势力进逼岭南,五岭通道开始打通,大约也在这个时期,岭南才拥有自己的冶铜业,青铜冶铸业也得到较快的发展。秦国平定岭南后,岭南地区的青铜冶铸业又有进一步的发展。从南越王墓出土的500多件青铜器和广西贵县罗泊湾一号墓出土的200多件青铜器可以看出,它们代表了南越国时期青铜冶铸技术的最高水平。

而在这一时期,中原内地由于铁器和漆器的大量使用,青铜器已逐渐处于次要地位。但在这座南越国最高统治者的墓中,青铜器仍占主要地位。南越王墓出土的青铜器,以乐器、酒器、炊器和服饰用品中的铜镜、熏炉最具特色。

在东耳室出土有三套青铜乐器,钮钟、甬钟和勾鑃各一套,酒器有壶、钫、瓿、提筒等。炊烤器中最具特色的是鼎、鍪和烤炉。

○ 鎏金铜壶
　高37厘米
　口径12.8厘米
　腹径28.1厘米

○ 铜钫及其局部
　通高55.5厘米
　口径15厘米
　腹径30.4厘米

有些铜鼎还刻有"蕃禺"和标志容量、重量的铭文。出土的铜镜多数属于南越王宫廷中的专用品，其中有的由南越王国工官在本地铸造。有一部分楚式器、汉式器，则可能是汉廷赐予或从内地购置的。

综观出土的南越国时期青铜器，对照《汉书·南粤传》中有关赵佗曾上书汉文帝抱怨汉朝廷在吕后掌政时禁绝"外粤金铁田器"（金，即铜）的记载，可知南越国的铜材和铜制生产工具并不富足，有一部分还要依靠中原内地的供应。同时从青铜器的铸造工艺水平来看，南越国与中原内地还有一定距离，许多青铜器的制作采用的仍是中原东周时期的传统工艺，如两分范合铸容器、活芯垫控制器壁厚度，以及圈足器的浇口设在器底中部的技术，工艺上较为滞后。

同中原地区相比，岭南使用铁器较晚。从考古发掘资料知道，在岭南地区出土的最早的铁器是在广东南部的始兴白石坪战国晚期窑址中发现的一件铁斧。据研究，这件铁器是楚人进逼岭南后流入的。到秦平百越后，铁器才在岭南大量出现。在已发掘的300余座南越墓中，就有近一半墓（遗址）中出土铁器，数量达500余件，种类有农具、手工工具、武器和日常用的炊具、杂器等。最常见的农具是锄、锸，手工工具是斧、锛、凿、刮刀、削刀，武器是剑、矛、戟、铠甲和铁铤、铜镞，炊具杂器有鼎、釜、三足架、镊、锥等。其中以南越王墓出土的数以百计的铁武器、成箱的小型铁工具，以及造型巨大的越式铁鼎最具代表性。从出土的铁器数量和品类可以看出，南越国使用铁器比较普遍，已经掌握了热锻加工和淬火处理工艺，而且学会了铸造铁器。虽然材质不够理想，但大多加工细致，

○ 铁刮刀
残长14厘米
宽2厘米

○ 铁斧
长21.3厘米
上宽6.2厘米
刃宽10.2厘米
柄宽4.5厘米
脊厚0.5厘米

○ 铁凿
长15.2厘米
宽1.1厘米
厚0.8厘米
刃宽1.3厘米

○ 铁锛
长7.2厘米
宽7.2厘米
銎长4厘米
宽1.5厘米
柄长4厘米

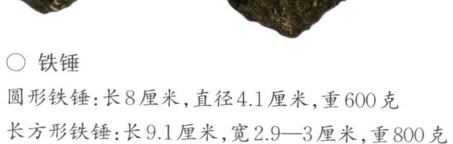

○ 铁锤
圆形铁锤：长8厘米，直径4.1厘米，重600克
长方形铁锤：长9.1厘米，宽2.9—3厘米，重800克

○ 铁铲刀
长27.6厘米

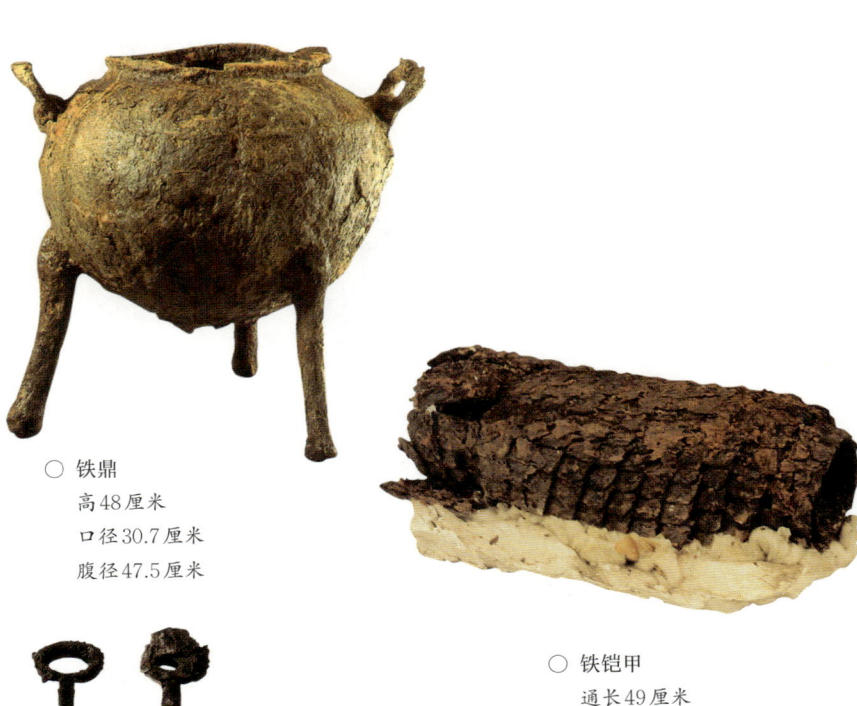

○ 铁鼎
高 48 厘米
口径 30.7 厘米
腹径 47.5 厘米

○ 铁铠甲
通长 49 厘米
重 9.7 公斤

○ 铁削
通长 25.2 厘米
环首宽 3.5 厘米

○ 铁镬
长 8 厘米
刃宽 7 厘米

○ 铁镬
长 14 厘米
刃宽 8 厘米

尤其是小型工具硬度很高，有的可能是用铸铁脱碳钢作为原料，经加热锻打表面渗碳而成。铁器的广泛使用，使砍伐林莽、开垦荒地、兴修水利、深耕细作都可以有较大规模的发展，是促进农业和手工业生产发展、推动整个社会物质文明进步的一个重要物质条件。

农业与渔业

在南越王墓中出土了一些铁农具，有锸、锄、钁、镰、铲，还有劈刀和弯刀，均为实用器。这既传达了国王重视农业的思想，又说明了农业是南越国经济的主要支柱。

西汉中期，岭南地区开始流行用反映农业生产发展的模型器随葬。两广地区汉墓出土的灶、井、仓、囷、房屋等模型，在珠江三

○ 铁锸
  通高13.3厘米
  宽11.2厘米
  刃中部高4.7厘米

角洲的农村至今仍可见到。其中一种上下两层的干栏式住屋，上为人居，下为畜栏，正对畜圈的屋内地台中挖有厕所坑穴，厕所和圈栏相通连，说明当时已注意收集人畜粪便，在农业生产中使用厩肥。珠江三角洲地区河网交错，水源丰沛，农作物利用天然河渠进行灌溉是很方便的，虽然现在对当时的种植规律，是种植一季还是双季，未能断言，但从已掌握水、肥使用情况而言，作物产量恐怕不会很低。就拿储藏粮食的仓囷模型器来说，它们都是干栏式建筑，通风防潮，很适应南方地区潮湿多雨的自然环境使用，它们的普遍出现，也是农业发展、粮食增多的一种反映。两广地区已出土的粮食作物中，经鉴定有黍、稻、粟、大麻籽。黍发现于广州1134号墓的陶瓮中，有半瓮，已炭化成黑色。稻、粟、大麻籽则发现于广西贵县罗泊湾一号墓，原来是用竹器盛装或草袋包裹，出土时，包裹已残朽，粮食炭化散在椁室淤泥中。

早在新石器时代，岭南就已开始种植水稻了。在石峡新石器时代遗址中，就曾出土了籼型稻和粳型稻。本墓后藏室有三个陶罐，共装有200只以上禾花雀的遗骸，由此表明，当年珠三角的河网地带已是农田连片了。在稍晚于南越国的岭南汉墓中，也常见有稻谷出现，说明稻谷是南越国的主要粮食作物之一。同时，由于进入岭南的数十万大军都是北方人，所以也辅种一些旱地作物，如黍、粟、大麻籽等，以供食用。

南越国是否使用牛耕？史书没有记载，而两广地区已发掘的南越墓中至今也未发现有铁犁。但从赵佗"进口"马、牛、羊等牲口

○ 广州市汉墓出土的干栏式陶屋模型

○ 广州市汉墓出土的陶囷模型

来看，可能已有了牛耕，但非常有限。

史书记载，吕后执政时，将长沙国与南越国的关市撤掉，禁止对南越输出铁农具和马、牛、羊等牲口，即使要给，也只给雄性的，不给雌性的，以钳制牲口的繁殖。这显然是有意刁难，卡住南越国发展农业和手工业生产的命脉，急得赵佗多次派人到长安上书朝廷，请求吕后原谅并重开边境贸易。吕后不许，连使者也有去无回，引发了赵佗的愤怒，借口是长沙王在中间搞鬼，公然与吕后对抗，自称武帝，还兴兵进犯长沙国，在边境一带劫掠一番。吕后也怒了，派一位叫隆虑侯的将军率军进攻南越，因为当时正是暑季，汉军还没过五岭，就病倒了一大半，劳师无功。由此可见，从北方地区输入铁农具和牲畜，对南越国的农业生产及家畜饲养业的发展是何等重要。由于吕后掌权的时间不长，到文帝即位，就恢复了汉高祖时对南越国的怀柔政策，所以在南越王墓中也发现猪牛羊的骸骨，还有少量鸡骨。在南越国时期其他一些中小型墓中，也有其他家畜的骨头发现。可见猪、牛、羊、鸡这类禽畜饲养已相当普遍了，从中也反映出如果没有一定规模的农业生产，是不可能普遍饲养家禽家畜的。

此外，由于珠江三角洲水资源丰沛，水产捕捞的渔业经济在南越国的经济结构中占有很大的比重，狩猎作为一项副业，也有一定的发展。

南越王墓出土的器物中，与渔业有关的除了陶网坠和铁鱼钩之外，水产动物遗骸相当丰富，经鉴定有螺、青蚶、河蚬、楔形斧蛤、

○ 陶网坠

大：长3厘米，宽2.4厘米，厚1.5厘米，单个重15.2克

小：长2.1厘米，宽1.8厘米，厚1.5厘米，单个重4.6克

龟足、笠藤壶、真虾、大黄鱼、广东鲂、鲤鱼、真骨鱼类，还有中华花龟、中华鳖等。这些水产动物多数属于咸淡水性环境的，亦有海产的动物。

南越之陶

南越国在中国久远的历史长河中，虽然只经历了短短的93个春秋，却在岭南大地乃至中华文明史上留下了难以泯灭的印记，展现出多姿多彩的岭南文明。

将松软的黏土变成坚固的陶器，是人类历史上第一次通过火的作用将一种物质变成另一种物质的伟大创举。陶器的出现和制陶业的兴起，不仅加速了生产力的发展，而且促使人类的定居生活更加稳定。

大约在10000年以前，中国的先民们就已经开始制陶和使用陶器，在江西万年仙人洞、河北徐水南庄头等地，曾出土了这一时期的陶器。早期制陶，人们一般采用手制方法，有捏塑法、泥片贴塑

○ 泥条盘筑法示意图　　　　○ 转轮法制陶示意图

法、泥条盘筑法和模具成型法。新石器时代晚期，人们发明了陶轮，即用木板做成的中间有直立转轴的圆盘工作台，把和好的坯料放在陶轮中央，当陶轮转动时，用手捏或辅以工具使陶土成型，并使坯面光洁。这个时期，能够代表陶器最高水平的当数龙山文化时期山东地区的黑陶了，这种黑陶，有的胎薄如蛋壳，被称为"蛋壳陶"。

陶器由于烧成温度不同，又有软陶和硬陶之分。新石器时代的陶器一般为软陶，其烧成温度较低，一般在680℃至800℃之间，陶土较粗，质地亦较松软。铜器时代的陶器，大多为硬陶，陶器烧制温度达到1000℃左右，烧成后的器物，其硬度达到摩氏6级，用手敲击铿然有声。

南越国时期的陶器，从出土器物来看，大多属于硬陶。其制作方法，凡圆而器形较大的器物，多是泥条盘筑、慢轮成型后再加上器底，钮、耳等附件则另外模制或捏塑成型后贴上。

其胎质灰白色，少数呈青灰色或灰褐色，火候高，叩之声响清

○ 瓮烧制遗痕及器底后加照

脆，器身的泥条盘筑及拍打痕迹明显，器的表面留下拍打方格纹和几何形戳印。器表的纹饰一般是用花纹模子在泥胎上压印或拍打，或是用尖利的工具在晾干的泥胎表面刻画、戳印或镂孔。也有的在陶器表面涂抹一层白色细腻的化妆土，然后用红、黑、黄、白等色料进行彩绘。另外，还出现了对陶器施釉的现象。有一些泥质软陶和夹砂粗陶，主要用作明器。夹砂粗陶掺有粗砂和石英，最常见于釜、鼎等炊煮器。

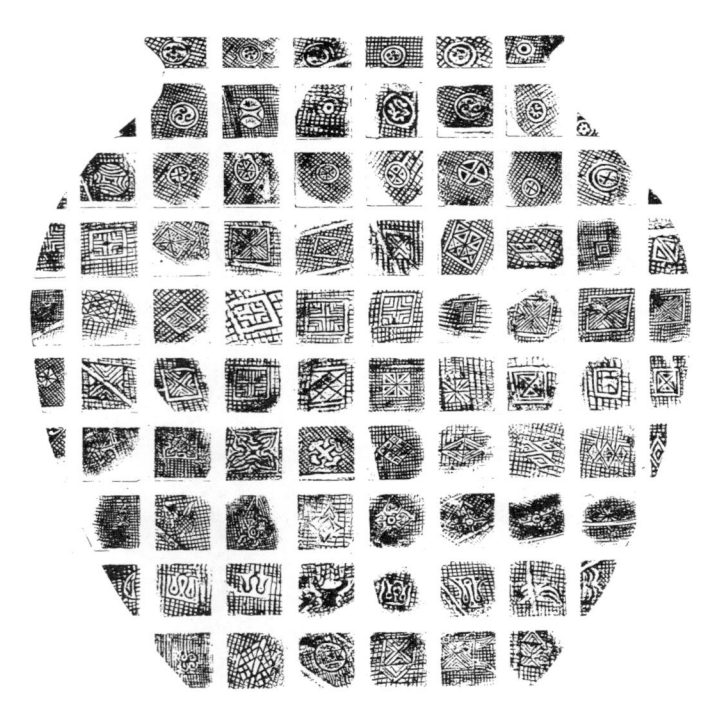

○ 广州汉陶几何印纹拓本

6 岭南文明

　　这一时期的陶器以日常生活器皿为多，器形也多种多样。在南越王墓中就出土371件陶器和620枚陶网坠，容器有瓮、罐、瓿、鼎、壶、提筒、盒、匏壶、盘、钵、碗、釜、甑、熏炉等生活用器皿，也有作为明器的陶璧和作为生产工具的陶网坠；还有类似于现代乐器沙锤的鱼形响器和盒形响器。很多生活器皿里原来还存放有粮食、禽兽、海产贝壳、鱼和果品等，还有的陶罐内盛有药饼。

○ 罐及内盛的耳螺
罐高15.6厘米
口径14.2厘米
底径14.2厘米

○ 越式鼎
  通高25厘米
  腹径23厘米

○ 彩绘小盒
  通高6厘米
  口径11.3厘米
  底径6.5厘米

○ 瓿
  通高8.4厘米
  腹径14.3厘米

○ 三足盒
  (左)通高5.3厘米，腹径7.5厘米
  (右)通高7厘米，腹径8.6厘米

○ 匏壶
 高17厘米
 腹径17.2厘米

○ 陶瓿及内盛的药饼
 瓿通高23.1厘米
 腹径22.4厘米

○ 陶璧
 直径13—18.8厘米
 厚0.6—1.1厘米

饮食文化

俗话说"食在广州",这话一点不假,外地人一讲到广州人,就说现代广州人飞禽走兽,什么都吃,什么都敢吃。看来,这与其祖先的饮食习惯不无关系。

在象岗南越王墓里,发现了许多动物遗骸,装在许多陶、铜、铁质的容器中,经鉴定,主要有家禽、鱼类和龟壳类。这些动物遗骸,具有鲜明的珠江三角洲沿海动物区系的特色。出土的生物中,鲤科鱼类、龟鳖类均为典型的淡水生物;软体动物,如耳螺、笋光螺和河蚬等,为淡水与半咸水生物,青蚶、楔形斧蛤、龟足等都是我国南方沿海常见的水产品。这些水产品和禾花雀至今仍被本地居民大量食用。墓中出土的水产或野生动物,习性各异,如青蚶是以足丝固着在岩缝或洞穴,不易被发现,要凿开岩洞,用镊子之类的器物夹取;龟足的柄部有伸缩性,一遇触动即缩入石缝中,很难采掘。而墓中青蚶、龟足的大量出土,证明南越国时期岭南人民由于长期采集、捕捞鱼类、鳖类等水产动物,已积累了丰富的生产经验,掌握了从事渔业生产的娴熟技能,对于动物的生态、习性及潮汐规律、气候变化等等,都有一定的了解。此外,墓中出土的200只以上的禾花雀的遗骨,也说明南越人捕猎技能高超。

禾花雀学名黄胸鹀,体形如麻雀,稍小。每年冬至前,从东北飞到闽、粤一带，喜吃灌浆稻谷。汉代的岭南人大概已掌握了禾花雀怕人、怕光、怕影和白天采食稻谷、黄昏栖于禾田的习惯，及时张网捕捉，所以才能获得如此大量的个体。而牛、羊、猪、鸡等动物遗骸的出土，说明汉代的岭南人当时已有一定规模的饲养业，利用优越的自然环境开发多种多样的食物资源。

既然古代广州人有如此多的食物资源，那么，在饮食及保存食物等方面就有自己的一套方法，象岗南越王墓出土的几件器物，为我们了解古代广东人的饮食习惯提供了一些实物史料。

铜烤炉 此墓出土3件，均为长方形。大的一件炉沿宽面，中部稍斜凹，四角微翘，炉盘底平，中部微凹。底设四个轴轮，可推动。炉体较长的两侧面各附两个铺首衔环。炉内四边都有排柱支撑盘沿，

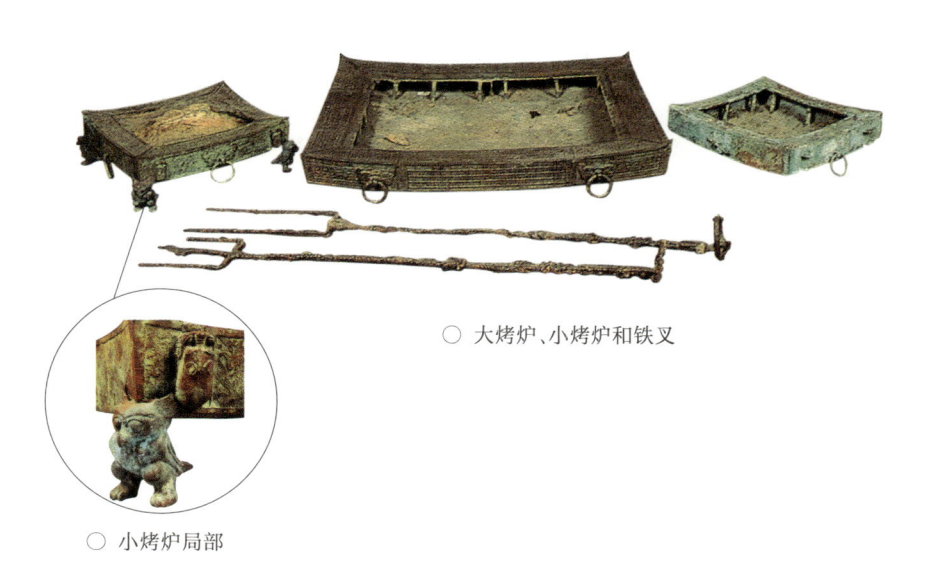

○ 大烤炉、小烤炉和铁叉

○ 小烤炉局部

其作用是增强盘沿的强度。炉盘面和四侧壁都饰有兽纹和蛇纹。小的一件平面近方形，口沿面较宽，四角微翘起，腹壁垂直，底略下凹，下有四个鸮形足。四壁外各附一个铺首环。在稍长的两侧面各铸有两头小猪，猪嘴朝天，四足撑在炉壁上，中空，可以插放烧烤用具。炉的四角有四个鸮形足，鸮的两足着地挺立。脊背顶负炉盘。出土时两炉相叠，被压在铜鼎、陶罐的下面，呈倾斜状。据推测，可能原来是放置在木架上，因木架朽塌而掉落叠压。

　　小烤炉上还放置一捆用丝织品包扎的铁链和串肉烧烤用的铁钎。

　　姜礤　现代人烹制佳肴，少不了用葱、姜、蒜等作料，而古代岭南人看来是离不开生姜的。在象岗南越王墓中，出土了两件制取姜汁用的工具，谓姜礤。礤体分上下两半，下半为半球形，里面均

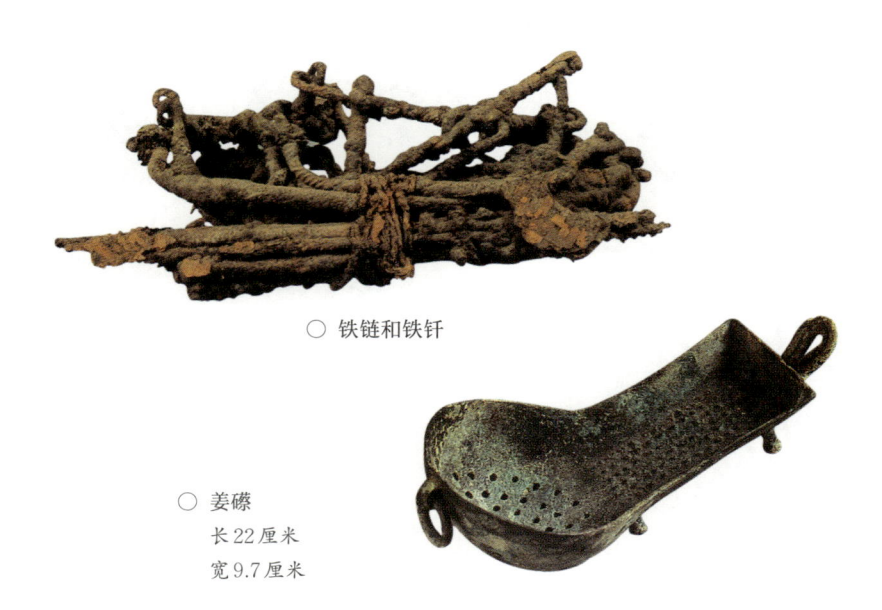

○ 铁链和铁钎

○ 姜礤
　长22厘米
　宽9.7厘米

匀地分布着几十个漏孔；上半为礤槽，礤面呈长方形，内有多列细尖状的乳钉，用以摩擦生姜，然后在漏孔处挤出姜汁。礤槽的背面附有四个圆柱形短足，使槽在磨姜时可以平放受力。类似的工具，至今岭南民间仍在使用，多用竹制成。

铃形铜挂钩 西耳室出土5件，造型、大小相同。主体像一个铜铃，铃内正中立一柱，高出铃体。柱端一圆环，可用于悬挂。铃外顶端有一个带平座的圆柱形环钮，钮内扣一节连环，连环之下再接一个挂钩。这种器具一般是悬挂在室内阴凉、通风、干燥的梁上，用来钩挂食物的。在那个类似铜铃的器体内注入清水，可防止虫、蚁爬入觅食，其功用与今天防蚁的双唇坛子相同。

铜鼎 南越王地下玄宫里，随葬有大大小小共51件鼎，其中铜

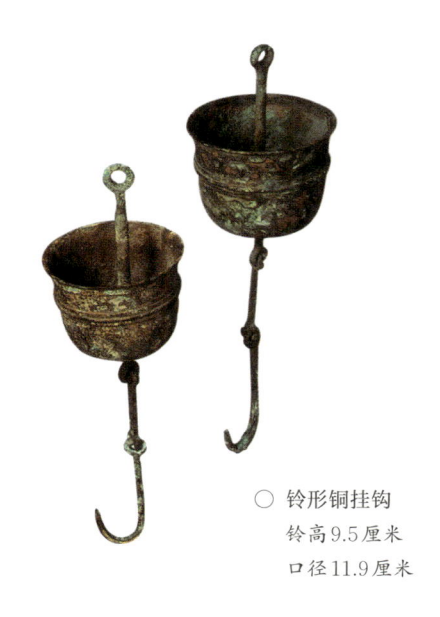

○ 铃形铜挂钩
铃高9.5厘米
口径11.9厘米

鼎就有36件，另有铁鼎1件、陶鼎14件，分别放置在西耳室、后藏室、东侧室和外藏椁里。

鼎最早是用来炊煮食物的器具，随着社会经济的发展，鼎的使用开始发生变化，逐渐成为贵族阶级用作祭祀、宴会或婚丧礼仪的礼器和作为区分权力等级的一种标志。从商代开始，用鼎就有了一套严格的制度，它体现了王室与其他社会阶级等级差别的森严和不可逾越。

从考古发掘资料看，当时的中小型墓葬一般都是用一个或两个鼎陪葬，而王室陵墓则不同，如河南安阳殷墟妇好墓，就出土有大小不同的方鼎、圆鼎36个，还有许多鼎的残片。到了周代，用鼎的等级差别就更为明显，规定了天子用九鼎、诸侯用七鼎、卿大夫用五鼎、士用三鼎的严格制度，鼎的身价和地位大增，九鼎成了象征最高政治权力的国器，以至到了春秋战国时竟有诸侯称霸问鼎的故事。

在南越王墓出土的铜鼎中，仅有一件鼎属楚式风格。鼎敛口，深圆腹，圜底，长方形附耳，高蹄足，子口缺盖，腹上部有一圈凸棱，蹄足上部为高浮雕羊首形，衬以卷云纹地，蹄足为十三棱柱体。鼎的表面残留有丝绢、竹笪的痕迹，应是入葬时的包裹物。这件鼎与湖南、湖北楚墓中出土的铜鼎形制特点相同，应是战国时期楚国留下来的器物，后来辗转到了南越国。

此外，还有汉式鼎19件（其中1件为陶鼎，余为铜鼎）、越式鼎31件（铜鼎17件，铁鼎1件，陶鼎13件）。所谓汉式、越式，实际

○ 楚式鼎
　这个鼎器形高大,通高42厘米
　口径31.5厘米
　腹径35厘米,腹深17.5厘米

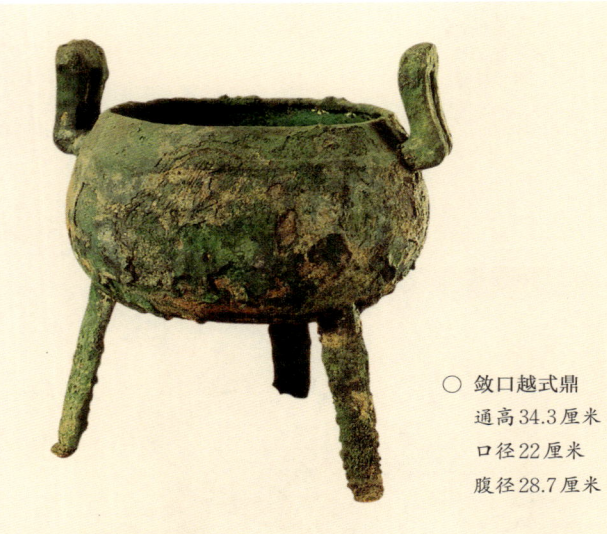

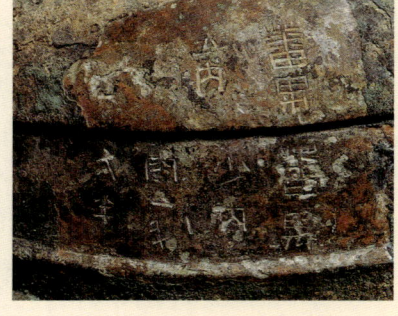

○ 敛口越式鼎
   通高34.3厘米
   口径22厘米
   腹径28.7厘米

○ 汉式番禺铜鼎及局部
   通高21厘米
   口径18厘米
   腹径21.5厘米

○ 盘口越式鼎
通高41厘米
口外径33.5厘米
内径23厘米
腹径29厘米

是以器物的造型和地域特色来区分的。汉式鼎主要流行于中原地区，其主要特征是敛口，平唇，圆腹或扁圆腹，圜底，矮蹄足，长方形附耳，子母口带盖，盖弧面形，上饰三个环形钮（个别的没有钮）。而越式鼎主要流行于古越族地区，主要特征是敛口或盘口，敛口鼎扁圆鼓腹，腹较深，腹上部附两方形耳，平底；盘口鼎唇沿稍内折，束颈，垂鼓腹，双耳附在盘口直唇外。下附三扁足，微向外撇。

这批鼎出土时，部分器底有烟炱痕，说明原来是实用之物；有的鼎腹内还盛有猪、鸡、鱼等骨骸和青蚶，有的腹底壁有草编织物遗痕，可知这些食物最初是用草篓盛装放入鼎内的。还有的是大鼎之中放小鼎或其他器物。大多数鼎都有丝织品或草篓、竹器残痕，说明当时是用丝织品包裹放入草篓、竹器内然后入葬的。一墓中用了如此多的鼎随葬，反映出南越王对鼎的重视程度。

铜鍪 鍪是巴蜀地区普遍使用的炊器，因其圜底，要有铁三足架配合使用。巴蜀是中国西南地区古代民族的名称，巴族分布在今川东、鄂西一带，而蜀族则在今四川西部。相传蜀族最早的一个首领叫蚕丛，称蜀王。后来他禅位于开明氏，从郫县迁都到成都，传了12代。公元前316年归并到秦国，秦在成都设置蜀郡。秦统一六国后，鍪这种炊器也随之传播到两湖、两广等地。

○ 釜甑和鍪、铁三足架
大的高22.5厘米，口径21.8厘米，腹径30.4厘米
小的高9.6厘米，口径8.6厘米，腹径11.2厘米

南越王墓出土了16件铜鍪，出土时，发现有些鍪里面还有青蚶、龟足和鸡骨的残留。同出的还有大小9个铁三足架，这是与鍪配套使用的。

铜提筒 南越王墓出土9只铜提筒，以东耳室出土的1套最为显眼。这套提筒共3件，依小大顺序套叠在一起。最外边的那只与中间的那只纹饰基本相同，自上而下饰有三组纹带。而最里面的那只则别具一格，其腹部主纹为四艘首尾相连的战船，船身修长呈弧形，两端高翘像鹢（古书上一种像鹭的水鸟），鹢的首尾各竖两根羽旌。中后部有一瞭望高台，台上立有一人，其中三艘船上的立人左手前

○ 船纹铜提筒线图

○ 船纹铜提筒
　高 40.7 厘米
　口径 35.5 厘米

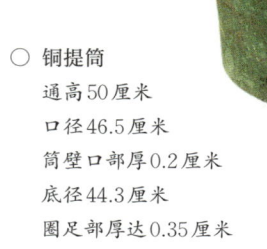

○ 铜提筒
　通高 50 厘米
　口径 46.5 厘米
　筒壁口部厚 0.2 厘米
　底径 44.3 厘米
　圈足部厚达 0.35 厘米

伸持弓，右手执箭，另一艘船上的立人左手持靴形钺，右手执一首级。台下置一鼎形物。船的中前部竖一长杆，杆上饰羽蘲，即古代军队里的大旗，下悬木鼓。每条船上有六人，其中五人戴羽冠，冠下有双羽翼，额顶竖羽蘲，束腰，下着羽裙，光着脚。台前一人左手扯着一个裸体俘虏的长发，右手持短剑。船中一人坐在铜鼓上，左手执短棒击鼓施号，右手执一物；站在船头一人，一手执弓，一手握剑；在船尾有一人正在摇橹。船身刻画出分隔的船舱，其中一只船舱内装有铜鼓，当是缴获品，其形与执棒击鼓之人所坐铜鼓相同。此外，每条船头都悬一个首级，船体之外的上下还饰有海鸟、海鱼和海龟。从船上人物的活动情况看，似是打了胜仗，载着所获之物，擂起得胜鼓凯旋的情景。

提筒是我国古代一种极具地域特色的器物，仅见于我国两广、云贵西南地区及临近我国的越南北部。在象岗南越王墓发掘以前，已发现的铜提筒约有50余件（其中越南有30余件），时代多为战国至西汉初期。其纹饰以几何图形纹带为常见，船纹的很少。南越王墓出土提筒的船纹与越南玉楼铜鼓上所见的主纹极为相似。研究已知，越南使用铜提筒的时间可能更早，那里曾是骆越人的聚居地。两广地区出土的铜提筒大多出土于南越国墓中，有可能是受骆越人的影响而在本土仿制的，也有可能通过贸易交换得来，或者是骆越首领以提筒盛放贡品进献南越国王的。

至于提筒的用途，越南的学者称之为"缸"，认为是大型的储物容器。云南发现的提筒被用作藏货贝的贮贝器。而广州汉墓出土的

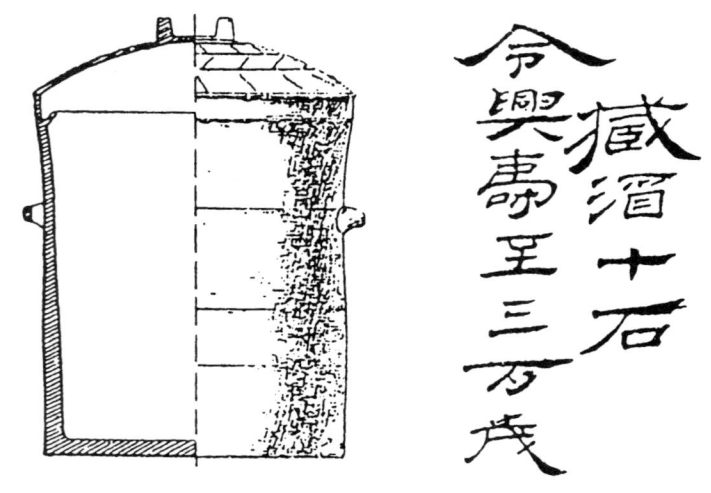

○ 广州汉墓陶提筒及盖内墨书文字摹本

提筒都与饮食器放在一起，有一件大型的陶提筒，腹下近圈足处还有一段圆管形的"流"，似是酿酒的缸。这件陶提筒盖内还有"藏酒十石，令兴寿至三百岁"的墨写文字，可证它是藏酒的容器。提筒带铜盖的极少，只见到有带木盖的。

楚舞越声

南越王墓的随葬器物不仅品种繁多，做工精绝，而且文化内涵相当丰富，显示出汉、越、楚、秦、齐、巴蜀、骆越、匈奴等文化与海外文化相融的特色。一墓之中有如此多样文化相融共存，在已发现的汉墓中相当罕见。这是一个很特殊的现象，它是在秦统一岭南之后，50万留戍汉军与当地土著共存融合这样一个特定的背景下出现的，实非偶然。

玉舞人　南越王墓中，出土6件玉舞人，形体各异，大多为跳长袖舞的造型，其中2件尤为优美。一是在西耳室发现的圆雕玉舞人，舞者头上向右横梳出一个螺髻，身穿右衽长袖裙，扭胯并膝而跪，舞姿曼妙生动。左手上扬至脑后，长袖下垂，右手向侧后方甩袖，头向右微偏，张口，做莺歌燕舞之状。在出土的汉代玉舞人中，这是首见的圆雕作品。另一件是东侧室右夫人B组玉佩中的舞人，由扁平玉片透雕而成。舞人头顶簪花，身着长袖连衣裙，其腰间还系挂了一组玉佩饰。右手高扬至头顶，左手置于细腰前，长裙曳地，全身向右侧呈45度角倾斜，以显示舞者的体态轻盈。两个舞人的舞

○ **圆雕玉舞人**
俑高3.5厘米
宽3.5厘米
厚1厘米

姿都非常优美，婀娜多姿，制玉匠人抓住了舞者在高速旋转中最优美的瞬间，可谓匠心独运。

长袖舞是我国古代舞蹈艺术之一，其特点就是跳舞时不用其他舞具，而是凭借长袖横空飞舞的千姿百态来表达各种情感。

相传在周代时，贵族统治者为了祭祀天地、祖先及朝贺、宴飨的需要，制定了六种祭祀舞蹈，其中一种"人舞"，舞者就是徒手曳袖而舞的。从考古中所获汉代舞蹈图（形）像资料看，长袖舞多出现在广场、殿堂、庭院演出中，舞人有男有女，有单人舞、双人对舞和多人群舞，舞姿多彩。有的舞姿矫健舒展，豪迈奔放，腿部的跨越腾跳复杂多变，如河南省南阳出土的画像石乐舞图像、荥阳河王水库东汉墓出土的陶楼彩画乐舞图以及内蒙古和林格尔东汉墓壁画乐舞图；有的舞姿委婉飘逸、娴静含蓄，以腰部和手、袖的动作为主，如陕西省绥德汉墓画像石《长袖舞》图像和南阳唐河针织厂出土的汉画像石《长袖舞》图像。《西京杂记》卷一就记载汉高祖的宠姬戚夫人"善为翘袖折腰之舞"。

既然长袖舞流传得这么长久，南越王拥有能歌善舞的长袖舞伎和制作一些类似的装饰品也就不足为奇了。可能南越王还拥有自己的一支乐队，这从墓中出土为数不少的乐器可窥一斑。

铜钮钟、铜甬钟与石磬 南越王墓中出土的乐器，从质地看，有青铜、石、陶、丝等多种。按我国古代乐器的八音分类法，它们分属金、石、丝、土四类。金类乐器有编钟两套，石类乐器有编磬两套，丝类乐器有琴、瑟，土类乐器有陶响鱼和盒形陶响器。这些

○ 河南南阳出土的画像石乐舞图拓本

○ 内蒙古和林格尔东汉墓壁画乐舞图

○ 荥阳河王水库东汉墓出土的陶楼彩画乐舞图

○ 陕西绥德汉墓画像石《长袖舞》图拓本

○ 南阳唐河针织厂出土的汉画像石《长袖舞》图拓本

乐器以金类和石类乐器为主，如果将它们按演奏方法来分类，又可分为打击乐器和管弦乐器两大类，其中打击乐器最多，计有编钟、甬钟、勾鑃、编磬、铎、陶响鱼和陶响器等，管弦乐器有琴和瑟。这些乐器大多集中堆放在东耳室，如钮钟、甬钟、编磬，都大小有序地整齐排列在墙根或地面上，出土时，钮钟还整齐地悬挂在木横梁上（木质已腐朽，保留残木片和漆皮），而勾鑃则是大小相套放在东耳室靠后壁。

钟、磬都是古老的乐器，商代时就开始使用，而磬的历史更悠久。据考古资料可知，在4000多年前的新石器时代晚期，山西省夏县的东下冯遗址就发现了一件打制石磬。钟和磬当时是单个使用的，称"特钟""特磬"。到西周时，开始使用十几个大小相次、成组的编钟、编磬，这些编钟、编磬悬挂在木架上，用木槌击奏，多用于雅乐，即古代帝王祭祀天地、祖先及朝贺、宴飨等大典所用的乐舞。周代的雅乐，被儒家奉为乐舞的最高典范，认为它的音乐"中正平和"，歌词"典雅纯正"，故称之为"雅乐"。以后的历代统治者取得政权后，都循例制礼作乐，歌颂本朝的功德。南越王看来也不例外。

勾鑃 为古吴越乐器，在古越人分布地区的今安徽、江苏、浙江、湖北等地都有出土，个别铭刻中自名为"勾鑃"。勾鑃虽与甬钟一样，顶部正中有甬把，但使用迥异：甬钟是悬挂在木架上；而勾鑃则与商代的铙一样，要倒插在木架座上，口部朝上。南越王墓出土的这套勾鑃，正面刻铭"文帝九年，乐府工造"，表明是南越文帝九年时由南越国的乐府工官制造的，也是迄今发现的汉代勾鑃中组

○ 钮钟全套
　最大一件通高24.2厘米
　最小一件通高11.4厘米

○ 钮钟与石磬出土情形

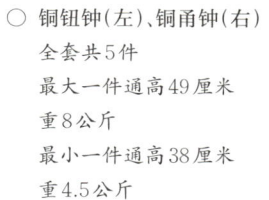

○ 铜钮钟(左)、铜甬钟(右)
全套共5件
最大一件通高49厘米
重8公斤
最小一件通高38厘米
重4.5公斤

○ 勾鑃

○ 勾鑃全套
　最大一件通高64厘米
　重40公斤
　最小一件通高36.8厘米
　重10.75公斤

件最多的一套。经测试，这套勾鑃七个音阶齐全，应是南越国宫廷演奏时使用的。

琴、瑟　是我国古老的民族乐器，周代时已经流行，《诗经》中亦有记载。《左传·昭公元年》称"君子之近琴瑟，以仪节也，非以慆心也"，说明当时学习和掌握演奏琴、瑟的技艺，已经成为表现贵族身份地位和情操的一种手段了。

琴、瑟都是弹弦乐器，两者合奏，声音和谐。南越王墓中出土有琴轸和瑟枘，可知墓中随葬有琴和瑟。只是木质的琴体和瑟体都已腐烂，只余下青铜制作的用以系弦的琴轸和瑟枘；其中琴轸共48个，瑟枘共12个。从其数量推测，并对照曾侯乙墓出土的五弦琴、十弦琴以及长沙马王堆三号汉墓出土的七弦琴和一号墓出土的瑟，可知南越王墓至少随葬有七弦琴1件，十弦琴3件或五弦琴6件，而瑟有3件。因出土的12个瑟枘分三组，每组不同型，但都是铸成博山状，山峦起伏，有珍禽瑞兽嬉戏其间，就像一座袖珍的野生动物园，十分精致。

陶响鱼和盒形陶响器　陶响鱼出土于后藏室，9件，大小相近。是用泥捏为两片合成空心鱼形烧成，火候较高，胎质坚硬。盒形陶响器出自西耳室，7件，扁圆形，中空。这两种响器内都装有粗沙砾，摇之沙沙作响，可能是乐舞时击拍用的"砂镲"。从其胎质、火候及纹饰推知，这无疑是在南越国烧制的。类似的陶响器在黄河中上游和长江中下游新石器时代晚期的遗址和墓葬中已有发现，但都是球形的。对于它的用途，有专家结合民族学和民俗学研究，认为

○ 瑟枘局部线图

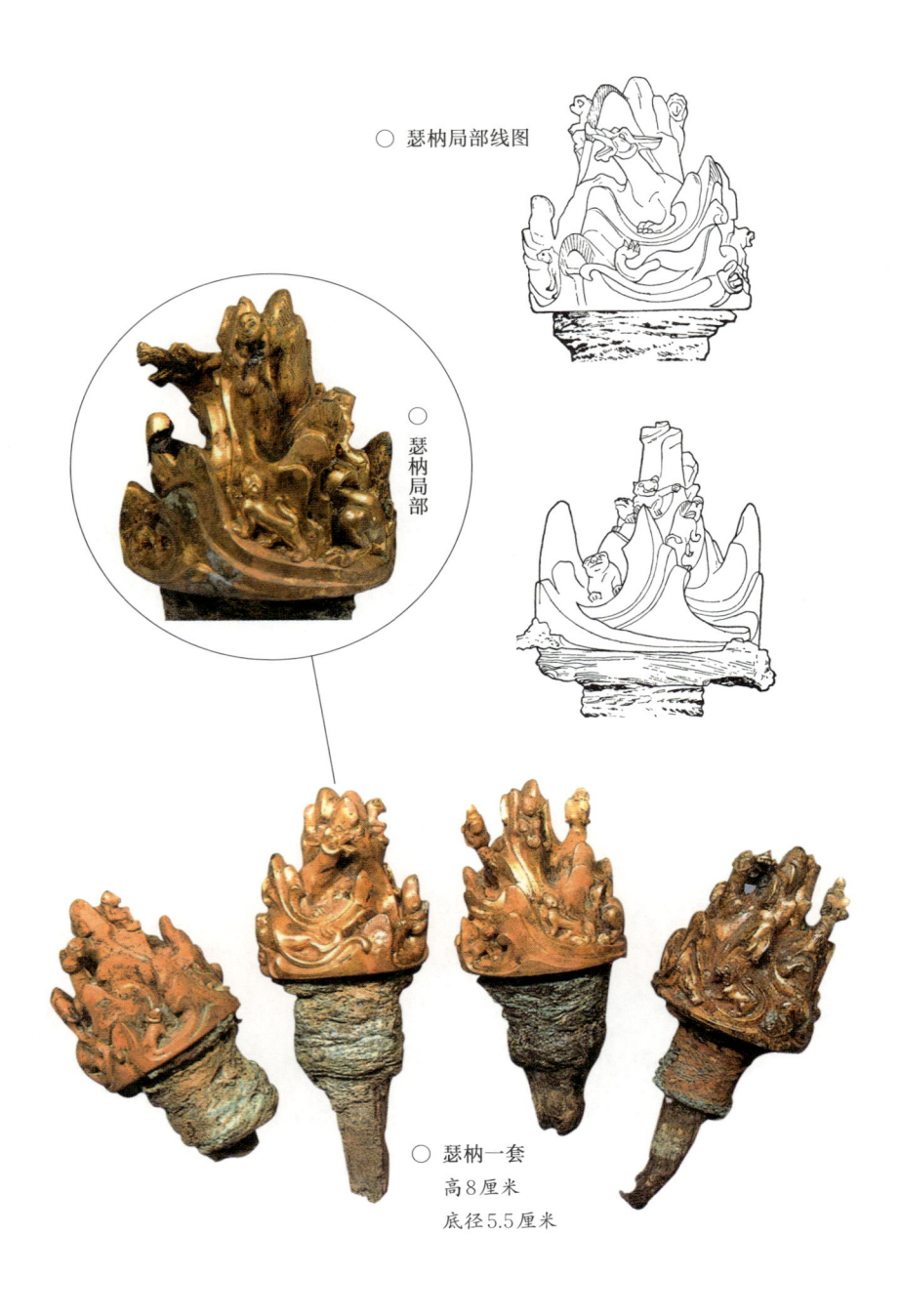

○ 瑟枘局部

○ 瑟枘一套
高8厘米
底径5.5厘米

既是玩具和乐器，又是娱乐工具。在秦国咸阳故城遗址曾发现陶响鱼和盒形陶响器各2件，与南越王墓发现的相同，只是体形略大。南越王墓出土的陶响鱼和陶响器虽然是南越国制造，但究其渊源应当还是来自秦国。

○ 陶响鱼
  长 11.5—12.5 厘米
  厚 2.4 厘米

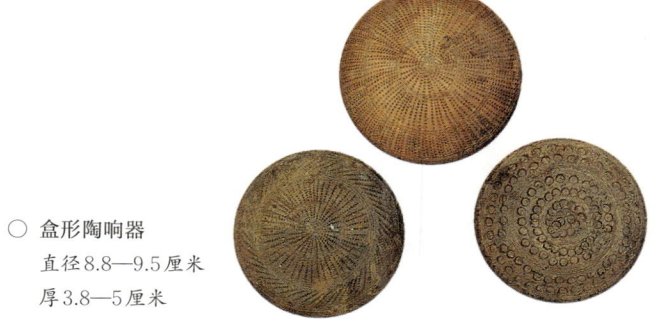

○ 盒形陶响器
  直径 8.8—9.5 厘米
  厚 3.8—5 厘米

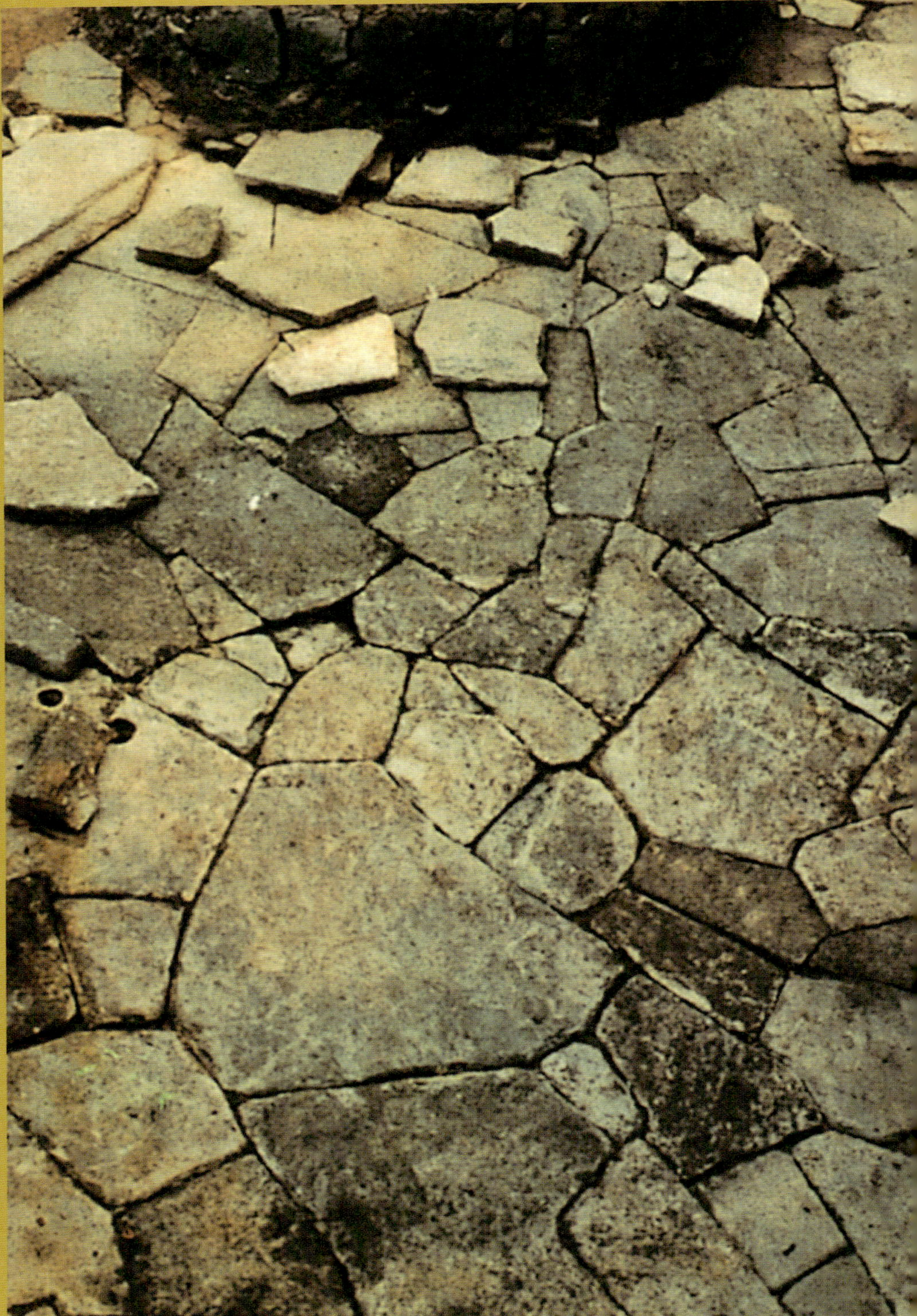

7 南越国寻踪

210 御苑露真容

218 长乐宫与华音宫

225 岭南第一简

232 南越两座新殿堂

御苑露真容

　　1983年10月6日，对南越王赵眜的遗骸及其所穿丝缕玉衣实行整取的大木箱从墓室运出来以后，象岗的野外发掘作业宣告结束。自此翻开了南越王墓、南越国史等研究新的一页。

　　广州市人民政府决定让这座岭南地区发现年代最早、规模最大的石室墓遗构得到妥善保存，并在原地（象岗）兴建古墓遗址博物馆。

　　在这之后，有关南越国的遗址发现层出不穷。1995年至1997年，为了配合老城区改造，在城内两处建筑工地进行了抢救性考古发掘，揭开了南越国御苑的真容。这两次抢救性发掘，又被评为当年的全国十大考古发现之一；其后又发现了南越国王宫的宫殿遗址。这一连串的突破性新发现，再一次震撼岭南大地。有学者指出，要重写岭南古代史，要重新认识南越的岭南文明；也有学者认为，南越国宫殿和御苑的发现，从某种角度来看，要比南越王墓的发现更为重要。此言不虚，因为建筑被誉为凝固的艺术，它能较为集中地反映当时当地经济、文化发展的真实状况；加之南越王赵佗于公元前203年建立南越国，以番禺为都城，第二代王赵眜又是生于斯，半朝理政于斯，享乐于斯，最后病死于斯。所以应该作为一个整体来研究。这些考古新发现，从广州、岭南乃至全国的秦汉考古与历史研究方面衡量，都有其重大的科学价值。

1995年5月，广州市文物考古研究所成立（其前身是广州文管会考古队）。7月22日这一天，对广州市考古所的全体田野考古工作人员来说，又是一个难忘的日子，南越王国的御花园就是从这一天开始被揭开面纱的。

这一天，考古人员来到老城区中心城隍庙忠佑大街西侧的一个建筑工地，他们要查看地基工程的挖土情况。这里计划要兴建一幢28层大楼，众多民工都在紧张有序地开挖大楼基础柱桩。

这里纵横排列有60多根楼柱的桩管，西边的桩管大多已挖深10余米，东边的正在开挖。有一根桩管周围堆满灰土，考古人员一眼看到灰土中嵌着一块"万岁"瓦当，赶快走上前去看，又找到第二块、第三块……这时，正从桩管下面提升上来的运土筐子中又出现了一块。一根桩管中挖出4块"万岁"瓦当，他们震惊了："这下面

○ 一根桩管中挖出4块"万岁"瓦当

肯定掩埋有南越国的建筑遗址！"

他们的判断在事后证明是完全正确的。经过与施工人员的紧急商谈，工地的负责人同意把工程局部停下来。广州市文物考古研究所立即调集人员在这里开挖了8个探方，当挖到地表下5.8米深时，发现了南越国时期的一座大型石砌蓄水池，再经钻探，得知其面积有4000平方米，已清理出来的400平方米仅是水池的西南一角。这座蓄水石池呈仰斗状，已揭露出来的西、南两边池壁同为斜坡形，用砂岩石板呈冰裂纹密缝铺砌，砌作精巧。池底距地表8米，用鹅卵石和碎石平铺。令人感到惊异的两点是：第一，池壁斜坡的铺石上发现了多处刻凿的篆体文字，有"蕃""冶""阅""皖""赀"等字，

○ 呈冰裂纹密缝铺砌的池壁

○ "蕃"字石板

这是岭南首次发现西汉石刻文字，历史价值和艺术价值非凡，仅其中一个斗大的"蕃"字，就确立了遗址的年代及其所属。第二，在池底东北角发现一根叠石巨柱，是用打磨平整的方块石板平叠砌成，但已向西南倾倒了。池中还出土了一批印花大砖（个别打有"左官奴兽"四字印戳）、八棱石柱、石栏杆、石门楣、绳纹板瓦、筒瓦、"万岁"瓦当等建筑构件，还有铁斧、铁凿、铁门枢轴、残铁剑和罕见的鎏金铜"半两"钱等器物。有一个问题引起人们的思考：这里发现了较多的石质建材和叠石巨柱，估计在这个偌大的蓄水池中会建有颇具规模的石构建筑物。这在我国秦汉年间的建筑中是从未有过的。它为什么会在岭南的南海之滨出现，是南越国时期的遗构？因为，在西方的希腊、罗马的早期石构建筑中不乏这样的例子，它们的年代还要更早些。由此说来，这些南越国遗构与之到底有无关联，值得进一步研究。

随后，考古人员又把注意点转移到石池之西约距23米的同一个建筑地盘上来，这里紧靠西邻的儿童公园围墙，他们在这里发掘了100平方米，出土了更多南越国时期的板瓦、筒瓦、印花砖、石板、焦木等建筑构件，其中不少瓦件有大火烧过的痕迹。有一块大方砖，长和宽都是95厘米，可称为"中国第一大砖"。重要的是还发现一口砖砌食用水井，井台、井栏已毁不存，井深尚存9米，井壁用扇形薄砖平砌，精工砌筑，井底铺垫5块石板，有5个圆穿孔用来冒水，石板下面铺垫一层细沙，是作滤水用的，表明2000多年前人们对饮用水卫生就有很高的标准。发掘时发现，井内全被南越国宫署的砖、瓦、焦木、石等建材残件所塞满，近井底处有一个汲水的木辘轳和一个双环耳带提梁的汲水铁罐，木辘轳已烧焦了，几呈炭状。

1997年，在上述石水池西南边的一个建筑工地中，又进行了更大规模的抢救性发掘，这里可发掘的面积有4100平方米，实际发掘3370平方米，历时8个月，发现了保存得比较完好的一处南越宫苑

○ 砖砌食用水井井口　　　　　○ 砖砌食用水井井底图

人工水景的园林遗迹。这里主要发掘出一条长约180米的曲流石渠，深埋在地表下约5米。石渠的走向由北而南，急转向东，连接一座弯月形石池，池底比石渠底低下1.5米，有一层厚0.5米的沉积，多达几百只龟鳖的残骸与细沙叠压成层。再由这个弯月形石池西出，蜿蜒曲折，贯穿整个遗址。渠的两边用红砂岩石块砌筑，口宽1.34—至1.4米，现存最高1.14米，渠壁上口还加砌有外展的挡土矮墙，以阻挡渠岸两边的泥沙等流入。渠底的石板呈冰裂纹密缝平铺。在石板上密排黑色的鹅卵石，卵石的大小相若，显然是经过精选而来的。在黑卵石中，加入几块黄白色的大卵石，呈"之"字形布点其间。全渠特设两道拱形的渠陂和三个斜坡形的石板"斜口"，这三个"斜口"是供在渠中的龟鳖上下爬行而专设的。两道渠陂相距32.8米，陂面高出渠底0.21米，用以限水和阻水。渠中的水从上头的北面流来，涌到渠陂，因阻水的作用而产生粼粼碧波的人工水景。当流水再涌到第二道渠陂时，这种水流曲曲、波影粼粼的景象又重复出现。由于渠底黑色卵石的映衬，水流显得清澈见底，当群鱼在大卵石的"之"字形布点间游弋时，观鱼者定会有一种悠闲自得、乐在其中的感受。这个2000多年前的园林人工水景设计，确实令人叫绝！石渠的两端将到尽头处，横架起一座石板平桥，桥头北面还留存步石9块。据此可以想见当日宫苑内小桥流水、绿草如茵、芳林成片的南国园林风光。

考古人员在清理石渠底时，除了一些龟鳖残骸外，还发现了若干大树落下的阔叶残片和其他植物种实，由此使人联想起唐代诗人

○ 贯穿整个遗址的曲流石渠

刘禹锡"芳林新叶催陈叶，流水前波让后波"的诗句。石渠终端设有出水闸口，水闸分内外两层，内层为木质闸板，已朽；外层为一整块石板凿成的箅，既可滤杂物又可阻止渠中龟鳖随水流失。要问石渠之水从何来？此刻考古人员已恍然大悟，找到答案了。原来他们在前两年发掘大型蓄水池之时，在石池的南壁下见到一段木暗槽，被明代的一口砖井切断，那时不知道它的功用何在。现在明白了，曲流石渠的北头不就是与这段来水口的木暗槽相衔接的吗？南越宫苑的园林人工水景是由一座大型蓄水石池与180米长的曲流石渠组合而成的。由于曲流石渠的入水口是隐蔽的木暗槽，而出水闸口又是外接于曲廊底下的木暗槽，会令游苑的人觉得渠水来无影去无踪，真的是："问渠那得清如许，为有源头活水来。"当日的设计构思何其巧妙！

在紧贴石渠西端的尽头处，又清理出一段南北走向的曲廊，仅存部分由印花大砖和卵石组成的。又在尚存9块步石的西侧处，发现了成堆的败瓦，这是曲廊被大火烧毁而倒塌的遗留。至此，人们自然会想起《史记》《汉书》中有关南越国的记载：南越国后期王国中发生了宫廷内讧。公元前111年，汉武帝派遣五路南征大军进攻南越。伏波将军从西、北两面夹攻王国都城番禺，"会暮，楼船攻败越人，纵火烧城"。看来，当日的南越都城在汉兵的一把大火之后，尽成焦土，灰飞烟灭。近年多次发掘南越国宫署遗址所见残砖败瓦、断石焦木和大火熏烧遗痕，等等，与史书所载全部吻合。

此外，在宫苑曲廊遗迹之西，在揭去西汉的文化层之后，下面露出秦代造船工场遗址的造船木料加工场地、小木片和炭屑等遗层。其实这里是与1975年发掘的秦造船遗址连接的。另外，在第41探方内还发现了一段"弯木地牛"，这是烧烤船体的木板使之定型的专用设施。今天，广东省阳江市等地的木船厂仍有这种简易的土设备。这几个探方的地层叠压关系揭示了南越国建造宫苑时，是从附近的山冈取土，把这里废弃不用的秦代造船遗址填覆后，在其上扩建御苑，从曲流石渠的西段直接压在造船工场的木料加工场地上的，其叠压与打破的关系是最好的说明。一次发掘取得多项成果，一箭何止双雕！

长乐宫与华音宫

考古人员从西安汉城未央宫的发掘中得知，凡重要的宫殿建筑遗址，必会发现很好的水井，因为饮水是人们生活的必需。1996年在广州的儿童公园西围墙下发现砌筑精巧的砖井，井下还设有细沙滤水层，这是一口很好的饮用水井。南越王宫何处寻？选点应在公园内。2000年初，在儿童公园内靠近砖井的地方进行试掘，果然找到了南越国的宫殿遗迹。在发掘现场约500平方米的大坑底部，可清楚地看出见证广州久远历史的南越国殿堂的东北角两条用鹅卵石、印花大砖铺就的殿堂外侧的"散水"，殿堂基址上压着1300多年前的唐代铺砖廊道、1000多年前的4列共10个南汉宫殿的"磉墩"基槽，以及各种建筑结构的遗迹，它们保存在不同的层位，其相互叠压与打破的关系清楚可见，这个殿基编为1号殿基址。

"散水"指建筑物周围用砖石或混凝土铺成的保护层，宽度多在1米上下，其作用是使雨水淌远一点后渗入地下，以保护地基。在汉代建筑结构中以鹅卵石作"散水"是有级别限制的，如果在宫殿屋檐四周地面全都铺上"散水"，是皇宫的标准，只铺两边是王的标准。从这处的发掘现场看，宫殿北面和东面都铺了鹅卵石"散水"，按照中国建筑讲究对称的规律，尚未出土的西面、南面也应该铺有"散水"。这就是说，这座大殿是南越国仿照汉皇宫建造的，从规模看，它可能是南越王在后宫办公的地方。考古专家分析，现在的出土面积连整个宫殿群的1%都不到，只露出了宫殿的一小角，因此宫殿一定不止这一个大殿。同时，像南越王墓这样高规格的汉墓已发掘的逾40座，但王墓和王的都城能同时在一个地方出土，在广州是唯一的发现，而且它还是目前已找到的汉代诸侯王国的第一个都城。

汉代有个规定，诸侯王制同京师，因此南越王宫殿的建筑布局应是仿照汉长安城建造的，长安城里有"长乐宫""未央宫""明光宫"等多座宫殿，在南越王墓中不也发现过"长乐宫器"印戳的陶瓮吗！发掘这里的宫殿，从中或可了解汉代宫殿未知的部分。而且当时正是中国汉文化形成时期，这一发掘可以证明早在2000多年前，大一统的汉文化已经在南中国形成了。

由于南越王宫署遗址的发现，广州成为了解中国岭南开发历史的一个窗口。广州市人民政府非常重视宫殿遗址的发掘和保护，在

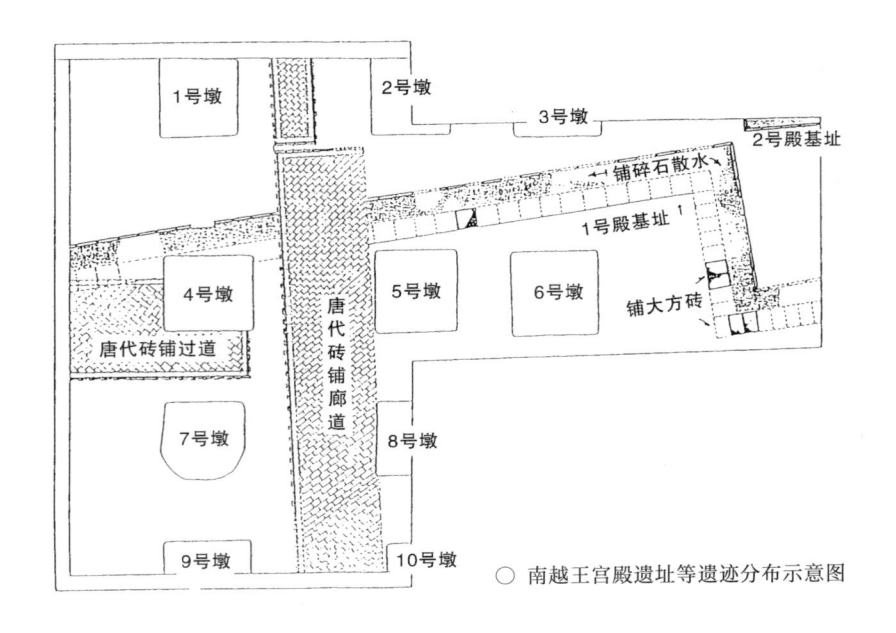

○ 南越王宫殿遗址等遗迹分布示意图

广州市最繁华的商业区（遗址所在地），不惜斥巨资收回了被房地产开发商购去的地皮，又决定搬迁儿童公园，进行分期分区的大面积发掘，筹建遗址博物馆，对已存在了2000多年的南越王宫署遗址给予有效的保护。其后，在距1号殿基址西南的不远处发现了2号殿基址的遗层，已揭露出东北一角，同样有印花大方砖和鹅卵石铺砌的"散水"。尤其令考古人员惊喜的是，在殿基遗址层出土的陶片中，有一块陶罐的陶片上打印了"未央"二字，这有可能是仿效汉高祖九年（前198年）建成的未央宫的宫名。另外，有一块是大型陶提筒盖面的陶片，上面打印有"华音宫"三字的印戳，大小为2.8厘米×2.6厘米，它比本墓外藏椁出土的陶瓮肩部的"长乐宫器"印戳（大小为2.6厘米×2.1厘米）要大一点。

长乐宫是汉高祖立国后兴建的第一座宫殿，是就秦的兴乐宫改建而成。《史记·高祖本纪》：七年"二月，高祖自平城过赵，洛阳，至长安。长乐宫成，丞相以下徙治长安"。但"华音宫"这个名称不见于《史记》《汉书》《三辅黄图》等相关的史籍中，应为南越国自取的宫名。汉宫里的名称，如长乐、未央、明光等，其寓意是吉祥，那么"华音宫"的寓意又是什么？既然南越的"长乐宫"是仿效汉宫而来，那么"华音宫"的取名当与汉越关系的某桩大事件相关联。汉初，吕后掌权，对南越国实施"别异蛮夷"的政策，导致汉越关系恶化，兵戎相见，还逼得赵佗以称"帝"抗衡。文帝元年（前179年），汉政府即派遣大夫陆贾到南越国修复关系。由于文帝的诚意，加上陆贾处事因应得宜，终于令赵佗表示："愿奉明诏，长为藩臣，奉贡职……去帝制、黄屋、左纛。""乃大悦陆生，留与饮数月，曰：'越中无足与语，至生来，令我日闻所不闻。'"（《史记·郦生陆贾列传》）因为赵佗自秦始皇时率军戍守岭南，直到这次陆贾再度南来相见，离别中原已长达38年，在"留与饮"的岁月中，陆贾给他带来了大量的"华夏之音"——汉廷中央及中原大地的各种最新信息，而令赵佗每天都有一种"闻所不闻"的愉快感受。也许"华音宫"之名亦由此得来。

此前，考古人员发掘了南越国臣民墓，在出土的陶器中已发现有南越的宫殿和官署的名字，有刻写的和打印的印戳，还有封泥。1973年在东郊的淘金坑十六号墓出土一个陶瓮，有"长秋居室"四字印戳。"长秋宫"是皇后的居所，汉廷的甘泉宫有"甘泉居室"，这个"长秋居室"应为南越后宫的官署名。还有发现较多的"常御"陶文，有"常御第六""常御第十三""常御一石""常御三斗"等多种陶文，但秦汉的百官中不见有"常御"这个名字。汉时"常"与"长"、"常"与"尚"通假，南越的"常御"可能是汉廷的"尚方"与"御府"两个官署的合称。还有"中府"是汉廷掌管皇室内财务的官署，出土的南越封泥有"中府啬夫"（相当于今日的财务科长）；还有陶印戳"中共厨"（中府供厨的省称）的，这是南越国的中府属下掌管王室宗庙祭祀事宜的官署。而本墓西侧室出土的封泥"泰官"，则是主管王室膳食事宜的。在南越早期墓出土的一个夹砂硬陶鼎腹部，刻写有"食官第一"的编号，汉代陵园设有"食官令"，掌祭祀。

接下来，考古人员又发现了南越都城的南城墙的水关遗址和南越王宫的宫城北墙。2000年，在南越国1、2号殿遗址西南方约1000米处，即今之广州西湖路与惠福路之间，发现了南城墙的水关遗址。经发掘得知，南城墙宽8.3米，南临珠江北岸。水关的木构水闸建在夯筑的城墙基上，底部全用黏土置换，木闸南北向，长38米，闸槽宽5米，南北两面进水口和出水口均呈"八"字形，保存基本完整。发掘后原址保护，并利用其周廊为展示室。2006年又在1号殿遗址北面约60米处，发现一段呈东西走向的宫城墙基，最高处尚存1米，基底宽4.1米，是用纯净的黄红色土夯筑坚实。在墙基当中发现埋有引水的陶管，呈北高南低状，表明当日王宫内的部分用水从宫墙北

长乐宫器 　　　　华音宫 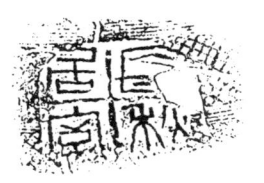　　　　长秋居室

居室 　　常御  　　　常御第六 　　常御第十三

常御三斗 　　常御一石

中府啬夫 　　中共厨

泰官 　　泰官 　　左官卒䅆　　右官 　　食官第一

○ 南越国官署陶文

○ 水关遗址

面引来。《汉书·地理志》载："南海郡……县六，番禺，自注：尉佗都，有盐官。"这座2000多年前"尉佗都"的番禺城，其坐落的具体位置在宋以前的史料中无明确记载，在清《番禺县志》中只提到宋时认为"赵佗代嚣，益广嚣所筑城，在县东二百步。宋时为盐仓"。考古人员多年来"在县东二百步"这个范围配合各个建设工地的考古发掘，连东汉的文化层也未见到。直到20世纪70年代发现南越国宫署遗址才真正拨开这层迷雾。原来真实的都城坐标不是宋人所认为的"县东二百步"，恰恰相反，是在宋时的盐仓之西，即宋代广州三城的子城位置上。

岭南第一简

重大的考古发现往往带有偶然性。长沙马王堆汉墓是这样，广州象岗的南越王墓亦如是。在岭南的两广地区，广州是南越墓发现最多的地方，然而在本墓发现之前，广州一直未见有简帛出土。但广西的罗泊湾（南越）一号墓出土有自名"从器志"2块和"东阳田器志"共3块木牍，其墨书的内容对研究岭南早期的农耕史有重要价值。本墓出土的1000多件（组）文物中，有墨书文字的仅见于挂在某件器物上的一块牌签上的"金縢□一"3字，还有1个陶钵3个陶碗各书"实祭肉"3个字，合共15个墨书的文字。江南两湖地区的楚墓出土大批竹简，云梦有秦简，江陵张家山出汉简，特别是湖南长沙马王堆汉墓出土帛书中的"古佚书"令考古学、史学等方面的研究者深感震惊，连里耶古井、长沙古井中亦埋葬着几万至十几万枚的简，怎不令人羡慕！南越国宫署遗址从1995年发掘以来已有10多年，秦以来的历朝古井发现500余口，已清理的亦有300余口，但未见有简的踪影。难道广州2000多年前的古墓、古井或遗址中都无简牍？或者已全朽，一片不留？

2004年底，考古人员清理南越御苑曲流石渠排水口之西约15米的一口编号为J264的渗井。这口井结构特殊，上部保留约1米深，是用扇形扁平砖砌筑的，下部是用陶井圈6节相叠，井圈直径0.92

米,所以仅容1人在井下做清理。当往下掏到2米多深的时候,淤泥层的表面浮现一些散乱的小木片,有19枚,还隐约见到有墨写的字迹。"发现木简了!"其他考古人员闻声而来,围在井边观察,喜悦之情难以言表。他们马上意识到这下面的情况不明,绝不能盲目地再往下掏了,于是把清理工作停下来。经过多方研究后决定采取平移整取的办法处理,即在渗井旁选定无其他遗迹处靠贴渗井外壁开挖竖井,深度要比渗井低约30厘米,把最底下一个可能有木简的陶井圈外周泥土挖空,把陶井圈拉入竖井后,再吊升到地面,移入室内进行清理,这样就能达到保简又保井的双保目的。

经过细心的清理,从淤泥中清洗出百余枚木简,最长的25厘米,宽1.7—2.1厘米,一枚木简上的简文多的有23字,少的也有3字,一般是12字左右,总计逾千字。这批木简未见有编联的痕迹,以一简记一事的较多,但两枚简之间的内容组合,因无编联的依据而难以确定。加上在渗井下浸渍2000多年,残朽严重,有的简文已漫漶不清,一些简文的文义古奥,给释读带来困难。全部清洗拍照后,稍放大,多数字迹尚清楚可认。但完整的简只有70余枚,初步释读后得知,这是南越王宫早期的记事简,废弃后流入渗井的。毫无疑问,这是王宫的档案,属于出土文献,是研究南越国史的第一手材料。

比如编号091简,有23字:"张成故公主诞舍人廿六年七月属:将常使□□□蕃禺人。"

"常使"即秦汉时的"常侍",为皇帝的侍卫、近臣。简文的大意是:赵诞公主的原舍人张成,在二十六年七月嘱托:要好好地赡养常使某，他是蕃禺人。

这段简文内容有两点很重要：一是"廿六年七月"，可据以确认这批木简的绝对年代。同出的081号的简文亦有"廿六年八月"的纪年。经考证，这是赵佗建立南越国后的纪年，属于南越国的早年。此外，还有017号的简文："王所□（赐）泰子。今案，齿十一岁，高六尺一寸，身□无狠伤。"共21字，简文开头第一字称"王"，应是赵佗称帝之前（前183年）的记事简，比以上两简的"廿六年"还要早出6年。二是表明这位常使某的籍属是蕃禺人，即当地的南越人。史载，赵佗在国内推行汉、越民族融合，简文表明他的贴身侍卫也选用当地的越人。

编号084简，14字（内有两字重文）："诘地唐，地唐守苑，行之不谨，鹿死腐。"

简文大意是：审讯地、唐两人，他们管理王宫的苑囿，不认真负责，致令养鹿死了，发臭。这是当时刑讯记录的简文。地和唐两人都是南越王宫御苑的管理人员，指出二人"行之不谨"。这枚木简成了对应南越宫苑曲流石渠遗迹历史真实性的最有力物证。

编号067简，12字："还，我等击盈，已击。乃归南海□。"

秦汉时的"南海"有两义：一是指南中国海，即南海尉任嚣说的"番禺负山险，阻南海"（《史记·南越列传》）；二是秦汉时的南海郡。简文的大意是：……还，我等将盈关起来，已处置了。现正返回南海□的途中。简文所指的"南海"应是南海郡的某地。

编号068简，15字："壶枣一木，第九十四，实九百八十六枚。"

"壶枣"即大枣。简文所记为：第94号的一棵大枣树，收得枣实986枚。与此类同的记录某编号的果木所产果实多少的简共有3枚。另2枚的枣还冠上产地名称。编号068简文"丰枣一木……"，"丰"即汉高祖刘邦的故里沛县丰乡；编号090简文"高平甘枣……"，"高平"为战国时魏地，即今河南省孟州市南。南越宫苑内种植的果木，每棵都有编号，每棵所产果实有详细记录，这表明生产有严格的管理制度。

编号073简，19字："野雄鸡七，其六雌一雄，以四月辛丑属，中官租。纵。"

"野雄"是地名，所产的"鸡"冠地名为品牌，有如今日的文昌鸡、清远鸡。时至今日我国不少地方的土特产品都冠以地名，如"金华火腿""北京烤鸭""海南椰子""龙井茶"等，上述"高平甘枣"与此同例。"中官"为王宫中管事的宦官、太监。"纵"是经办人签名。简文的大意是：野雄鸡7只，其中6雌1雄。四月辛丑日经中官嘱咐收取的实物赋税。经办人纵。同出的还有编号075简文"□四月辛丑属中官纵"（该简上半残断，仅存下半的8字）。史载，汉武帝灭南越国之后，番禺以西至蜀南者置初郡十七，且"以其故俗治，无赋税"。从这段史文的表象来看，南越的子民有上百年之久是不用缴纳赋税的。有了上述的简文让人明白，所谓"无赋税"只是不用缴交金属货币的赋税，但是要缴纳实物租税的，否则，庞大的南越王国统治机构与王宫的奢华生活所需从何得来？本墓出土物中不缺金、银、玉石，但连一枚金属货币都未见，这与同时期中原地区诸侯王墓出土随葬钱币数万枚,以及金饼等情况迥异。这也反映出南越国的社会经济还保持着"以物易物"的原始方式,境内的货币经济极不发达。

还有编号105简,10字:"大奴虏,不得鼠,当笞五十。"编号107简,12字:"□则等十二人,得鼠中员,不当笞。"

"大奴虏",大奴名虏。"中员",规定数额。"笞",鞭打。同出的还有编号110简,7字"□陵,得鼠三,当笞廿"。在广东自然灾害史方面,有关农业遭受鼠害的史料,最早见于唐代。据《唐书·五行志》载:唐开元二年(714年)广东"韶州鼠害稼,千万为群"。上述简文显示当时南越国都城所在的珠三角地区暴发鼠害相当严重,以致农业生产歉收甚至绝收,除了境内的老百姓要人人参与灭鼠外,还规定王室内的相关人员每人有捕鼠5只的指标,少捕一只要罚笞十。"□则等十二人"捕得60只鼠,达到定额的要求,"不当笞"。上述简文为岭南2000多年前的农业灾害史增补了一条最早的史料。

记载有关南越史的历史文献以《淮南子·人间训》和《史记·南越列传》为最早,南越国宫苑出土的木简,在时段上比《淮南子》要早50年,比《史记》更要早出80年左右,可称之为"岭南第一简"。虽然简文总计只有千把字,就以目前的释读得知,其内容涉及政治、经济、文化、民族关系等多方面,而《史记·南越列传》所载的主要是汉越的政治关系方面,其他几无涉及。这批出土的简文,不仅增补了10多个文献无载的南越国百官名录,重要的是还有涉及南越国的农业、手工业、军事、法律、王宫管理等诸方面内容,属

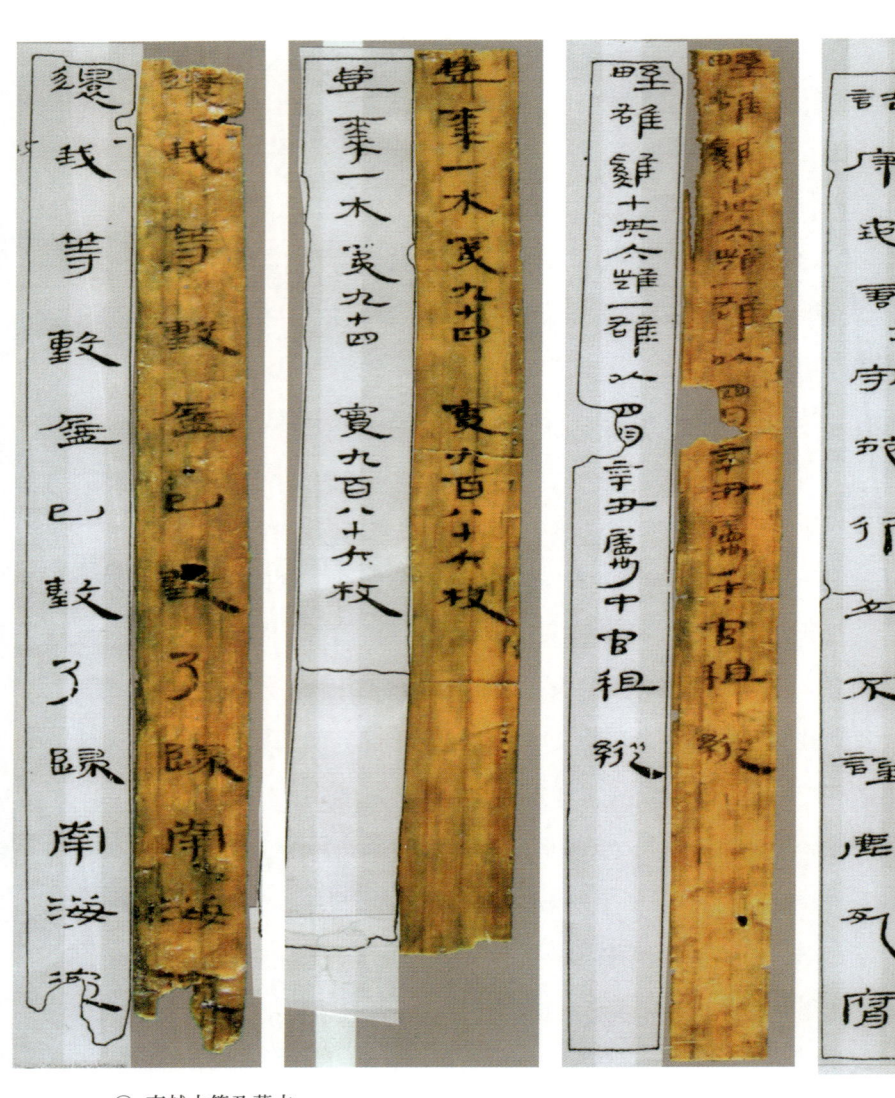

○ 南越木简及摹本

長成敂公主誕言人艾羊苟𥷚　得常姨[⋯]卄五蕾男人

大奴摹　不得冒　當笞卅

財等十二人　得冒中員　不當笞

王宫的文档，是难得的信史，是研究南越国早期历史的第一手材料。

南越两座新殿堂

在广州，当人们从繁闹的老城区转到车水马龙的解放路北段，在越秀公园西侧，会看到人行道边耸立着一座造型质朴厚重、色调沉着浑厚的新型博物馆，它就是被人们誉称为"展示岭南古文化艺术新殿堂"的西汉南越王墓博物馆（后改为南越王博物馆）。1999年12月，国际建协（UIA）第20届世界建筑师大会在北京召开，其下属一组织将它列入"20世纪世界建筑精品"。下面让我们领略一下这座博物馆的艺术设计和建筑手法。

象岗大墓发掘后，本着"有效保护、合理利用、加强管理"的文物工作方针，广州市人民政府决定将墓室原地保护，并把古墓周围约1.5万平方米的土地划为建立博物馆的用地。

这座古墓位于象岗山的中心处，是岭南地区目前已发现有绝对纪年、在全国也属于年代较早的一座地下石构建筑，有重要的历史价值和建筑研究价值。但是由于深埋地下2000多年，受重压和风化，不少石板已断裂，必须及早加固维修；古墓发现后已停工的地盘（已被削低17米）仍比临马路的解放北路路面高出15米，地块不大，古墓居中，新建的陈列楼与掩埋地下的遗迹在布局上怎样才处理得宜，这是设计者首先要考虑和解决好的。对此，著名建筑设计大师莫伯治先生认为，依循1964年通过的保护历史文物建筑的《威尼斯宪章》有关原则进行处理，是可以解决好这一问题的。

在莫伯治一贯倡导的尊重历史、尊重环境的设计理念指导下，以古墓为中心，向东、北延伸与北轴线组成曲尺形平面，位于东轴的综合陈列楼、北轴的主体陈列楼与中心的古墓遗址相互连接为一整体，结合山冈地形，依山建筑，拾级而上。突出了这座古墓遗址博物馆馆舍一气呵成的整体构思。

古墓区的石材经过维修保固，在其地下周边构筑一匝钢筋水泥的连续墙，起隔水及防震的作用。古墓上面覆以一座呈覆斗形的防晒防雨的保护棚罩，采用钢架结构和反光玻璃材料，在形式上和用

○ 博物馆主体陈列楼

○ 墓室保护棚

材上都与古墓有明显的区分，这是符合《威尼斯宪章》不以假乱真、不以今损古的保护文物建筑的原则的。墓区的外围，以宽2.5米、全长176米的连廊围绕，作为空间界线，勾画出古墓的绝对保护区。在连廊与墓室保护棚架之间全铺绿草，突出古墓区在色彩上、环境气氛上优美而典雅的感官效果。

主体陈列楼在古墓区的北轴线上，它乍看似一层，实为两层楼高，总面积4262平方米。二层中间虚出成庭院，北面是博物馆的终端，由高耸的阙式牌坊与东西两翼相连，形成一个三面封闭、向南开敞的三合院式，北面中间的圭形门阙，寓意墓主人王者执圭的高贵身份。人们站在古墓区北边连廊处，由南向北仰望，主体楼正面

及20余级台阶层层递升，合拢于正中的圭形门阙，有直冲霄汉之感。若站在二层的庭院南望，古墓区、连廊、综合陈列楼的建筑群历历在目，有总览全局、高屋建瓴之势。

综合陈列楼在古墓区的东轴线上，位处象岗东麓，为总面积4396平方米的三层陈列楼。接待厅、放映室、观众服务部和各种临时性专题展览都放在这里。它是博物馆的入口，观众由此进入，犹如进入墓室的幽暗之中。但当你踏入大门之后，又豁然开朗。迎面是一条44级台阶的蹬道，正对古墓，象征帝王陵墓的神道。馆的正面雄伟而厚重。大门外蹲立一对横置相对的圆雕石虎，象征陵墓前立于神道两侧的石人石马。

○ 博物馆正门

　　博物馆设计者对馆的体形、装饰与用材的选择也独具匠心。博物馆三个组成部分的外墙，全部采用与墓室红砂岩相类似的石材做衬面，既与古墓博物馆的含意协调，又隐含古墓石材主要采自番禺莲花山古采石场这一历史渊源。古墓上的覆斗形保护大棚是鉴于汉武帝茂陵为覆斗形封土，而第二代南越王与汉武帝是同时代人，采用这样的几何图形设计，是给它一个历史时代的符号。全馆的采光玻璃棚，其造型虽有覆斗形、金字塔形和拱形三种形式以避免雷同，但统一使用蓝色玻璃，隐寓南越王墓出土了一批我国首见的年代最早的平板蓝色玻璃。两座展馆都施刻浮雕，正面大门两堵石阙上的巨幅浮雕是由我国著名雕塑家潘鹤教授精心设计的。浮雕下部为矫健有力的龙纹与虎纹，取材自墓中出土的大玉璧，是为汉文化的象征；两翼站立高达8米的男女越人，头顶日月，赤足踏蛇，双手操蛇，象征驱逐邪恶之意，有如守护大门的一对门神，它取材于出土漆木大屏风转角的越人操蛇铜座，为本地的越文化代表。基座之下的一对圆雕石虎，来自出土的错金铭文虎节，为楚文化的象征。汉、越、楚三种文化显现于展馆前面，一股强烈的南越国古文明的历史气息扑面而来。岭南是古百越民族的聚居地，"越人善作舟"，他们长于水上活动。在主体陈列楼二层东西两翼的石墙上刻有巨幅羽人的战船纹浮雕，这是广州雕塑家万兆泉根据出土的铜提筒上四幅战船纹刻画再创作的，在位处东、西、北三江汇流入海的广州，更有地理上的特点。

这座新型博物馆的建筑被评为世界建筑精品，正如莫伯治院士所说："南越王墓博物馆的主馆体形设计，除遵循现代主义原则外，同时也考虑到它是一栋带有纪念性的建筑，透过它传达了2000多年前的历史文化。因此在设计中，可以而且应该探索古今中外同类建筑的体形风格的共性，如雄浑、庄重等。其体形结构如基座、石阙等曾回顾传统的重台叠阶，汉代石阙，乃至埃及大庙的阙门，既融合了古代经验，又以现代手法表现出来。这是符合逻辑的历史延续性，而不是复古抄袭。"建筑学界认为：这是一组尊重历史、尊重环境，有较高文化素质，在建筑艺术上有独创性的创作。

1988年2月8日，南越王博物馆正式对外开放，基本陈列有南越王墓原址和"南越藏珍——西汉南越王墓出土文物陈列"，专题陈列有"杨永德伉俪捐赠藏枕"。2004年西汉南越王博物馆入选国家AAAA级景区，2008年跻身首批"国家一级博物馆"的行列。

下面再简介南越王宫博物馆的建设。南越王宫遗址的发现可以追溯到1975年，当时试掘了中山四路的秦造船遗址，在遗址层的上面压有一段南越国宫署的走道遗迹。如果从1997年以后大规模发掘王宫的宫苑并发现保存得较完好的曲流石渠遗迹之时算起，到21世纪初，在这里已先后发现宫苑的曲流石渠，1、2号殿基址，南越都城水关遗址，部分都城南城基遗址，王宫的北宫城基部分遗迹等（还有南越国以后的历朝遗迹层层叠压；较重要的遗迹都原址保存）。至此，南越国都城、王城、宫殿、宫苑都有遗迹可寻（秦造船遗址经过4次局部发掘后，回填覆盖原地保护）。由于遗址是处于高楼林立的老城区中心位置，这座都城的考古发掘和保护是一个长远的任务。

南越王宫博物馆于2009年8月正式动工，工程占地面积30060平方米，建筑面积19221平方米。2014年5月1日博物馆全面对外开放，主要展示以南越国宫署遗址为核心，基本陈列为"岭南两千年中心地"，下设四个常设展览："南越王宫""南汉王宫""名城广州二千年"以及"饮水思源——广州古代水井文化"，它们与原址保护展示的考古遗迹相结合，展现了广州2200多年的历史积淀。南越王宫博物馆先后被评为国家AAAA级景区和国家二级博物馆。

2021年9月8日，由西汉南越王博物馆、南越王宫博物馆合并组建南越王博物院（西汉南越国史研究中心）。合并后的南越王博物院由王宫展区和王墓展区组成，合共占地面积近4.5万平方米，下辖三个全国重点文物保护单位，原状展示三大遗址，设有六大主题常设基本陈列和三个临时展厅，为公众提供多样化的参观学习体验。

○ 王宫展区

结语

象岗南越王墓是岭南地区发现规模最大、随葬遗物最丰富、墓主人身份最高的一座西汉早期大墓，也是我国发现年代最早的一座彩画石室墓。该墓未遭盗扰，保存完好，至为难得；加上墓主人在《史记》《汉书》中有传，年代准确，在岭南的早期开发史、我国秦汉考古等方面有着重要的研究价值。同时，该墓又是"南越国遗迹"中三大遗址（另两处为南越国宫署遗址、南越国都城水关遗址）的重要组成部分，因而这次发掘被学者誉为"打开了岭南历史文化的宝库"。

南越王墓的历史文化内涵丰富，已引得许多历史、考古等方面学者对其重要性进行研究。在此，我们着重对该墓的墓形与葬制，赵佗、赵胡（眜）称帝以及岭南早期的开发等问题做一些探讨。

第一，南越王墓的墓形与葬制问题。如前所述，秦汉的帝陵未有发掘，墓中情况不得而知，仅墓穴上有坟丘和陵园的建筑遗迹可寻。在已发掘的西汉诸侯王、后的墓中，有凿山为藏（掏洞）的崖洞墓和在竖穴土石坑底用枋木垒筑成的"黄肠题凑"墓。前者是仿效汉文帝霸陵因山为藏、不封不树的做法，后者在墓穴上有高大的封土坟丘，其"梓宫""便房""黄肠题凑"在汉代是天子之制的最高规格（参见《续汉书·礼仪志》）。皇帝又可把它特赐给诸侯王、贵戚和重臣，以示哀荣（《汉书·霍光传》）。南越王赵胡（眜）墓的形制较为特殊，墓穴采用掏洞（前部的东西两耳室）和竖穴土石坑（后部的四个室）相结合的做法，可说是集两种墓穴形式于一体的。全墓的七室是用大石板构建而成，与崖洞墓和"黄肠题凑"的做法有别。因为象岗是一座风化石英砂岩的土石山冈，在墓穴范围内除了前部东西两耳室这局部处的岩体比较坚硬，可掏洞开挖之外，其余全是风化的砂质亚黏土，是不可能挖成崖洞的。因而从建造工程的角度来看，它是适应本地的地理、地质条件，采取因地制宜、就地取材的做法。但在该墓发掘后，我们心中有个疑团多年未解：在我国北方地区，用石块砌建仿照生活中住宅的石室墓（石块有雕刻的称画像石墓）到西汉晚期才发现，到东汉时才盛行于山东、河南、江苏及四川的一些地区，而广州象岗这座彩画石室墓比北方地区要早近百年。这样突然地出现，原因何在？过了10多年之后，即自从1995、1997年先后发现南越宫苑的"蕃池"（钻探得知平面有4000平方米，仅揭开石池西南400平方米的一角）和曲流石渠（全长180米）后，有了这两处南越早期大型石构工程的实例，我们对这座岭南唯一的彩画石室墓，在全国汉代石室墓中又是最早出现的墓例就不会感到突然了。

还要提及的是，该墓是否仿照秦汉帝陵，在墓穴上有封土并盖有陵寝建筑的问题。发掘时，墓上已平土削低17米多。从20世纪70

年代测绘的地形图得知，象岗海拔49.71米，该墓位于岗顶之下逾20米，深藏于岗腹深处。据地方史志载，清初顺治年间岗顶筑有"巩极"炮台，是广州清代城北城防四炮台之一。据传闻，赵佗归汉之后曾在象岗上面建有"朝汉台"；到唐代，广州刺史李毗在这个礼坛的故址上修建了一座"余慕亭"，以示对赵佗的仰慕。由此可知，由唐到清，象岗上面的土层已一再翻动过。我们从实地发掘所见，墓室上面的回填土采用了红黄色山冈土掺砂，分层夯填，夯筑异常坚实。墓门外即墓道部分用土石分层夯实，其防盗的用意与汉诸侯王崖洞墓的防盗意愿是相一致的。当丧礼毕，把深逾20米的墓穴覆土回填之后，我们认为象岗顶上是不留痕迹的，这样才与墓道的防盗意愿相一致。

南越王墓前后两部分共七室的布局及其功用，与西汉诸侯王的崖洞墓及"黄肠题凑"墓都不尽相同。其前部的三室正中有彩画，象征朝堂，左右为宴乐与御库的藏所。后部四室，主人居中，左妃妾右仆役，御厨房（或膳房）在后。这样的前朝后寝布局，是以主人生前的宫廷生活为蓝本的。墓主赵胡（眜）的殓服为珠襦玉匣，口含珍珠，还有"文帝行玺"金印和"帝印"玉印随身入殓，可见南越的三主赵婴齐是以天子之礼为其父操办丧事的。

第二，关于赵佗、赵胡（眜）"称帝"的问题。过去，有学者对南越国第二代王是否称帝提出质疑，但赵佗的对汉称臣，在南越则"自帝其国"的两种不同政治表现，却成了评议其一生功过的关键点，指责赵佗"不降服汉代政府"，"与汉廷分庭抗礼"。诚然，赵佗

"自帝其国",史有明载,而赵胡(眜)身怀"文帝行玺"与"帝印",更是"称帝"的十足物证。如果只是从封建社会的君临天下,按照天无二日、民无二王的标准和要求来评判,这肯定是大逆不道的越轨行为。但事实上赵佗在接受汉高祖册封为南越王后只有三年,他就"自尊号为南越武帝",其中必有政治上的特别因由。我们认为对赵佗为什么要称帝,称帝给汉廷带来了哪些危害,汉廷对南越王称帝的态度又如何等问题,都要从客观事实出发进行评析,还事件以真相。查考赵佗由秦始皇三十三年(前214年)受命"率军以戍越"开始,到创立南越国,处越近80年,为岭南的统一与开发做出贡献,是南越的创业者,可谓"创业维艰",因而得到后人的肯定。其孙赵胡(眜)继位16年,守成其祖的开创大业,有道是"守成亦不易也"。终赵佗一生,两次称王,最后称帝,赵佗是在汉高祖刘邦正式登上皇帝位之前一年,据有秦在岭南的三郡建立南越国的,自称"南越武王"。其时,中原正处于楚汉逐鹿,多王争立的混战局面。汉高祖立国后到十一年才改变了不承认南越国的政策,派大夫陆贾出使南越国,赵佗接受册封,成为汉廷藩属国的第一位南越王。汉越双方都以大局为重,取得和平发展,这对汉越人民是有利的。后来,赵佗为什么要越轨"称帝"呢?根源在于汉廷转为吕后掌政,改变汉高祖对越的怀柔政策,推行禁南越关市,削南越籍,使使不通,还要掘毁赵佗的先人冢等一系列"别异蛮夷"的敌视政策和做法。赵佗三次派专使到汉廷上书请罪,以求解禁,不但遭到拒绝,连派去的使臣亦全被扣留不得回归。赵佗是一位出色的军事家,又是一位有长远眼光、心怀大志的政治家,他当然明白吕后自从称制、掌权之后,在朝廷内已立稳脚跟了,正急于扶植诸吕势力,有待不久的一天实现"以吕代刘",转换王朝。在对外关系方面,对她来说最棘手的是匈奴和南越,吕后首先向南越发出禁制令,她是权衡过得失的,这实质上是向自己头上砍出的第一刀。这一刀很绝,既不会在朝廷中引来任何反对之声,更不必担心南越能够远隔万里,到长安"兴师讨吕"的,这是稳赚不赔的一宗政治买卖。赵佗如何反击,这要讲求策略。如果把"讨吕"(反吕)的矛头直指吕后,揭发她"以吕代刘"的图谋,这样是不明智的,因为她毕竟是当朝的掌权者,这种揭发是不可能得到朝中文武百官的认同的,反而授人以柄,给吕后提供借口向南越施压,乃至直接动武的口实。于是赵佗做出两点回应:在政治上,既然吕后可以代刘氏称制于朝,我赵佗也可以在国中"称帝",以示对吕后的抗衡("与中国侔")。在军事上,既不能示弱,又该如何作为?于是借口毗邻的长沙王对南越有图谋向吕后挑拨离间,由此造成今天的局面为理由,发兵"败长沙数县而还"以示警戒。吕后在位8年,汉越交恶,几致兵戎相向。汉文帝即位的当年,即派陆贾再使南越修复旧好,在赐佗书中诚意地提出"服岭以南王自治之"(即与越划岭而治)的主意。由是,赵佗向文帝做出"改号不敢为帝矣"的回报,同时一再表白"老臣妄窃帝号,聊以自娱",只是"自帝其国,不敢有害于天下也"。显然,前一句话是为自己的越轨而开脱,后一句讲的是真话。结果"文帝大悦"。此后,汉廷对赵佗"其居国窃如故号名(关上门自称帝),

其使天子，称王朝命如诸侯"的政治越轨，既不责，也不伐。有了赵佗的称帝在前，后来的赵胡（昧）称帝已不成话题了。南越王的"自帝其国"，既无碍于西汉朝廷的国政，又无损于汉廷老百姓的利益。这与汉初朝廷在处置匈奴犯境和汉景帝时的吴楚七国反叛的态势截然不同，前者是对付侵略，后者是惩处叛乱，那是关乎汉王朝政权安危的头等大事。

我们认为赵佗"称帝"要从汉越关系的客观史实来看：首先事件的起因，在于吕后对南越推行错误的政令，如果都归罪于赵佗，实欠公允；其次，赵佗、赵胡（昧）治越83年，只有吕后掌政的8年出现汉越交恶，其余的75年双方都是和平的；再次，南越是汉廷的外藩，其政权有相对的独立性，在西汉前期，即汉武帝以前，汉廷对赵佗的越轨之举，不责不伐，无异于默许。这是因为在此之前，汉高祖已对赵佗治越有过充分的肯定："粤人之俗，好相攻击……南海尉佗居南方长治之，甚有文理，中县人以故不耗减，粤人相攻击之俗益止，俱赖其力。"这是汉高祖在位十一年时对赵佗的评价。正所谓瑕不掩瑜。

"逝者如斯夫，不舍昼夜。"岁月流逝到了2000多年后的今天，人们称颂赵佗是"开发岭南第一功臣"，这是基于客观的历史真实而得出的结论。

第三，南越王陵与岭南早期的开发。岭南历史上第一次大开发的时段，始于秦始皇统一岭南设郡县之年，止于汉武帝平灭南越国，其间有103年。先秦时期的岭南仍处在初民社会的历史阶段，远远落后于中原地区。秦始皇三十三年（前214年）统一岭南，到秦二世的三年，秦亡，秦对岭南的统辖仅有8年。南海尉赵佗于公元前204年兼并岭南三郡建立南越国，传五主，共93年。赵佗是南越开国之君，在位67年，到汉武帝建元四年（前137年）卒，寿过百岁。其次孙赵胡（眜）继位为第二代王，在位约16年，于武帝元狩元年（前122年）卒。其时南越立国已有83年，走过了王国最为鼎盛的阶段。秦对岭南的统一，是岭南步入大开发的前奏，同时又推动了岭南地区跃入封建社会的历史阶段。南越国的建立，在政制上其前10年是岭南地区首次出现了一个独立政权，其后赵佗接受册封，成为汉王朝名义上的藩属国，赵佗、赵胡（眜）两代王在位共83年期间，为南越赢得了民族融合、社会安定、和平发展的政治环境。

从岭南早期的经济发展来看，秦南下的五军就地留戍，加上从各地征召而来的逃亡罪犯、卖身奴隶和商贾等"与越人杂处"，他们给岭南带来了中原先进的文化和技术，加上从中原输入"金铁田器、马牛羊"，由金属铸制的生产工具取代原有的木石工具，对当地的农牧业，特别是手工业的生产带来了革命性的转变，农业上改变了原有的"刀耕火种"的原始方式。虽然，对于南越国当时是否已进入铁犁牛耕的历程，由于未有南越国时期的铁犁出土，因而无法断定，但两广的西汉早期墓都有稻谷发现，还有铁锸、铁锄、铁镰刀等农具出土，而且本墓后藏室发现了不下于200只的禾花雀遗骸，足以说明早在2000多年前珠三角地区已是稻田连片。在手工业中，作为衡量社会生产水平的冶炼铸造业，本墓后藏室出土了重达26.2公斤的越式铸鼎，证明了南越国时期已有了较具规模的冶铸生产。铸铜、制陶业在原有的基础上有了更大的发展，本墓出土了500余件青铜器，其中不少大型的铸件如铜勾鑃等为本地所产。南越的制陶工艺，尤其在建材方面的砖瓦烧制技术，从南越宫署遗址出土的高温釉瓦、釉砖、大型印花砖来看，已超越了同时期的其他地区。而在广州西汉中后期的墓中，猪、牛、羊等陶制家畜家禽较普遍出现，亦反映了南越的畜牧业有较大的发展。

再从文化的发展和民族的融合方面来看，进步更为明显。文字是记录语言的符号，先秦时本地的越人还未发明自己的文字，随着秦对岭南的统一，汉文化、汉字在岭南的迅速传播，加快了汉越文化和民族的融合。这方面在广州发现的南越国臣民墓中就有明显的反映。比如，广州的南越早期墓，其中多数墓内的随葬器物，既有鼎、盒、钫、壶为一组的汉文化的礼器，又有越式的铜器、陶器共存，显示出中原文化与当地越文化的融合。另外，还有为数不多的墓，底部铺有小石子，或在棺位置之下有"腰坑"，随葬器全是越式的铜器和陶器。这些墓的主人，也许就是史载的赵佗任用的当地越人首领高官，在早期，他们死后还保持本族的葬习；到了南越后期，底铺小石，或有腰坑的墓已完全消失了，随葬的器物都是汉式与越式共存，很难识别墓主的族属与文化背景。

主要参考文献

专著

◎ 中国社会科学院考古研究所，河北省文物管理处编：《满城汉墓发掘报告》，北京：文物出版社，1980年版。

◎ 中国社会科学院考古研究所，广州市文物管理委员会，广州市博物馆编：《广州汉墓》，北京：文物出版社，1981年版。

◎ 广西壮族自治区博物馆编：《广西贵县罗泊湾汉墓》，北京：文物出版社，1988年版。

◎ 《文史知识》编辑部编：《古代礼制风俗漫谈》，北京：中华书局，1988年版。

◎ 余天炽等：《古南越国史》，南宁：广西人民出版社，1988年版。

◎ 孔祥星，刘一曼：《中国古代铜镜》，北京：文物出版社，1988年版。

◎ 吕烈丹：《南越王墓与南越王国》，广州文化出版社，1990年版。

◎ 广州市文物管理委员会，中国社会科学院考古研究所，广东省博物馆编：《西汉南越王墓》，北京：文物出版社，1991年版。

◎ 西汉南越王墓博物馆编：《西汉南越王墓玉器》，香港：两木出版社，1991年版。

◎ 李延龄等：《中国宫廷礼俗》，天津：天津人民出版社，1991

年版。

◎ 徐吉军，贺云翔：《中国丧葬礼俗》，杭州：浙江人民出版社，1991年版。

◎ 萧亢达：《汉代乐舞百戏艺术研究》，北京：文物出版社，1991年版。

◎ 熊寥：《中国陶瓷美术史》，北京：紫禁城出版社，1993年版。

◎ 孙厚兴，郭海林主编：《两汉文化研究》，北京：文化艺术出版社，1996年版。

◎ 湖南省博物馆编：《长沙楚墓》，北京：文物出版社，2000年版。

◎ 张荣方，黄淼章：《南越国史》，广州：广东人民出版社，2008年版。

期刊

◎ 山东省菏泽地区汉墓发掘小组：《巨野红土山西汉墓》，《考古学报》，1983年第4期。

◎ 《岭南文史》编辑部，西汉南越王墓博物馆合编：《岭南文史》西汉南越王墓专辑，1987年2月版，总第10期，广东省文史研究馆出版。

◎ 李季：《南越王墓发掘手记》，《文物天地》1996年第3期。

◎ 麦英豪、林齐华、王文建：《岭南文化之光——南越王墓与南越王墓博物馆》，《历史文物》月刊，台北历史博物馆1998年第7期。